Coordinateur :
Simon Masset-Denèvre

Photographies :
Patrick Messina

Direction artistique
et conception graphique :
Mélanie Hoffmann

9, rue de l'École-Polytechnique – 75005 Paris
www.michalon.fr
ISBN : 978-2-347-00395-1

Dépôt légal : octobre 2025

N° d'édition : 00395

A Jeanne Ferney,

L'ESPOIR D'UNE FRANCE sans sida

Le combat d'une vie !

Fidèlement.

Présenté par Jean-Luc Romero-Michel,
président d'Élus Locaux Contre le Sida

ELCS
ÉLUS LOCAUX CONTRE LE SIDA

Paris, le 15/10/25

« Le rêve fou d'une France et d'un monde sans VIH/sida !

Jean-Luc Romero-Michel est une personnalité politique et associative engagée de longue date dans la lutte contre le VIH/sida. À ce jour, il est le seul élu à avoir révélé sa séropositivité. Il est le président de l'association Élus Locaux Contre le Sida (ELCS), fondée en 1995, qui mobilise les élus sur les enjeux liés à la prévention, à l'information et à la lutte contre les discriminations. À travers ses responsabilités politiques (conseiller régional, adjoint à la maire de Paris chargé des droits humains, de l'intégration et de la lutte contre les discriminations), ainsi que par ses prises de parole, publications et interventions dans les médias, il contribue à inscrire la question du VIH/sida dans les priorités des politiques publiques locales et nationales.

En septembre 1987, lors d'une fin d'après-midi ensoleillée, en plein été indien, j'apprends que je suis séropositif. Mon monde s'effondre : je ne connaîtrai pas mes 30 ans. J'en suis intimement convaincu… Mon mauvais sang me le fait ressentir. Mon corps est en ébullition — en décomposition…

Le 1er décembre 1987, je reçois mon premier traitement grâce au docteur Jacques Lebas, à l'hôpital Saint-Antoine, au cœur de ce 12e arrondissement de Paris auquel je suis tant attaché. Nous nous sommes vite rendu compte que ce traitement causait trop d'effets secondaires, mais il a contenu, un certain temps, le virus et a ralenti un peu sa progression.

Un an plus tard, le 1er décembre deviendra la journée mondiale contre le sida. Tout un symbole. Un signe, même — celui que je devais être un acteur de ce combat contre le sida, passer de mon combat individuel contre ce virus affamé de vies à un combat collectif.

> **« La création d'Élus Locaux Contre le Sida est née de l'élection, aux municipales de 1995, de nombreux jeunes conseillers qui avaient envie de s'engager dans ce combat pour la vie. »**

Mai 1994, à Strasbourg, Hubert, mon premier amour, meurt du sida dans des souffrances atroces. Sur son lit de mort, je lui jure de mener ce combat, mais aussi d'essayer de surVivre.
La création d'Élus Locaux Contre le Sida (ELCS) est née de ce serment, mais aussi de l'élection, aux municipales de 1995, de nombreux jeunes conseillers qui avaient envie de s'engager dans ce combat pour la vie. En 1995, il n'était pourtant pas encore facile de se mobiliser contre ce virus, car militer contre le sida signifiait pour beaucoup de gens être gay ou usager de drogue. Philippe Lohéac, avec qui je travaillerai longtemps, m'aida à préparer les statuts de l'association et à rédiger un appel aux élus locaux de notre pays qui fut publié dans la presse et signé par près de 17 000 élus, mais sur … plus de 600 000. Ce fut le premier acte fondateur suivi, un peu plus tard, du lancement officiel d'ELCS à l'Association des Maires de France (AMF). Jean-Paul Delevoye, son président, donna, par sa présence et son discours engagé, la caution de la principale association d'élus locaux de notre pays, celle qui rassemble les 36 500 maires de notre pays. Face à ce virus jugé honteux par beaucoup de Français, mais aussi tabou pour tant d'autres, ce n'était pas négligeable.

«

En 2025, je demeure encore – et malheureusement ! – l'unique élu à avoir révélé vivre avec le VIH. Preuve que le combat contre les discriminations reste d'une terrible actualité.

»

À mes côtés pour ce lancement, deux femmes restées fidèles à ELCS depuis trente ans : Roselyne Bachelot et, bien sûr, Sheila. Le jour du lancement d'ELCS au siège de l'AMF, elles ne me quittèrent pas une seconde du regard, m'enveloppant de leurs encouragements et de leur affection. Sans savoir encore que j'étais séropositif, elles savaient à quel point ce virus avait déjà emporté beaucoup de mes proches. Roselyne avait, elle-même, perdu son meilleur ami. De son côté, Sheila soutenait certains de ses fans qui mouraient et avaient fait de la chanteuse leur confidente. Face à l'indicible... Line Renaud fut une des premières personnes à qui je confiai être infecté par le VIH ; elle a suivi avec constance et bienveillance le travail de l'association, s'enquérant souvent de nos actions et nous encourageant. De son côté, elle avait déjà créé les Artistes contre le sida, puis cofondé le Sidaction avec le compagnon d'Yves-Saint-Laurent, l'homme d'affaires Pierre Bergé. Elle fut, bien entendu, la première personnalité à rejoindre notre comité d'honneur !

Côté politique, Alain Juppé, ancien Premier ministre et maire de Bordeaux, fut le premier homme d'État à apporter officiellement son soutien à ELCS lors d'une réunion publique à Bordeaux qui, au même titre que le lancement de ELCS à l'AMF, a participé à la mobilisation des élus et au développement des actions de notre association. Il fut suivi de Jacques Chirac, Nicolas Sarkozy, François Hollande, Emmanuel Macron et bien d'autres...

Les réunions en province se succédèrent alors à un rythme effréné. Elles s'achevaient chaque année par nos États généraux, qui se déroulent traditionnellement autour de la journée du 1er décembre. Les premiers eurent lieu au Sénat et, depuis, notre réunion annuelle parisienne alterne entre l'Assemblée nationale, le Sénat, la région Île-de-France et la ville de Paris. J'ai entamé, en 2025, mon 30e tour de France contre le sida ! Ces réunions nous permettent de faire le point sur la pandémie et de mobiliser les élus autour de cette cause.

La création du label « Collectivité engagée contre le sida » va permettre de remobiliser des villes qui commençaient à négliger et délaisser ce combat pour la vie. C'est Christophe Michel-Romero, mon compagnon pendant onze ans, mais surtout le coordinateur emblématique d'ELCS durant plus d'une décennie, qui eut l'idée lumineuse de la création de ce label, comme il fut à l'origine de notre guide annuel API[1] et, bien sûr, du magnifique ouvrage *Portraits de ViHes*[2] paru peu de temps avant sa tragique disparition.

L'annonce publique de ma séropositivité dans le livre *Virus de vie*[3], en 2002, offrit aussi une nouvelle visibilité et crédibilité à notre association. En devenant le premier homme politique français à dire vivre avec le VIH, je donnais aussi plus de poids médiatique à notre association. En 2025, je demeure encore — et malheureusement ! — l'unique élu à l'avoir révélé. Preuve que le combat contre les discriminations reste d'une terrible actualité. Que la fin du VIH doit aussi passer par le combat contre les préjugés et les stigmatisations.

Au-delà du travail quotidien de mobilisation — ce bruit de fond permanent indispensable mené par ELCS sur un virus dont on parle de moins en moins, alors que, paradoxalement, jamais autant de personnes n'ont vécu avec le VIH/sida — nous nous sommes mobilisés sur différentes questions liées directement ou indirectement au VIH/sida. Nous y avons souvent mis l'énergie du désespoir tant nous avions, tel Don Quichotte, l'impression de nous battre contre des moulins à vent.

La liberté de circulation des personnes séropositives fut un combat que nous avons initié en France. Comme bien d'autres personnes séropositives, j'y fus personnellement confronté à l'occasion d'un de mes déplacements aux États-Unis. Rejoints par AIDES, nous avons traduit et publié un guide pratique, initialement conçu par une ONG autrichienne, à destination des personnes séropositives qui voyagent ou envisagent de s'installer à l'étranger.

Dans le même temps, nous avons mené une grande campagne auprès des États-Unis et même auprès de George Bush Jr. Notre plaidoyer et celui d'autres ONG fonctionna et les États-Unis levèrent cette interdiction, entraînant, tel un château de cartes, bien d'autres pays vers la fin de cette interdiction stigmatisante et sans aucun fondement de santé publique. Enfin !

Pour joindre les plus hautes instances américaines, nous utilisions MySpace, l'un des premiers réseaux sociaux. En France, il s'est principalement limité au milieu artistique,

« **En 2003, ELCS a convaincu toutes les associations de lutte contre le sida de demander qu'elle soit déclarée grande cause nationale.** »

mais aux États-Unis, du cabinet du président aux parlementaires, tous étaient inscrits sur ce réseau et répondaient, la plupart du temps, directement aux nombreux messages qu'avec Christophe nous leurs envoyions.

En 2000, alors que j'étais élu conseiller régional à la région Ile-de-France depuis 1998, je fis adopter, avec le soutien de Jean-Paul Huchon, son président, un amendement qui nous obligeait à avoir un volet VIH/sida dans tous nos accords de coopération internationale. C'était une demande de ELCS. Elle fut vite mise en œuvre et le premier financement régional permit de créer un CRIPS[4] au cœur du quartier étudiant de Santiago du Chili. Une première dans un pays où la publicité des préservatifs était encore prohibée !

Sans difficultés, nous avons aussi convaincu Bertrand Delanoë, maire de Paris, de mettre en œuvre un amendement similaire. Depuis, la mairie de Paris et l'AIMF[5], que préside actuellement la maire Anne Hidalgo, a développé de nombreux programmes sur le sida à travers le monde francophone. Près d'un million et demi d'euros y sont consacrés annuellement.

Autre mobilisation : celle contre l'interdiction du don du sang imposé aux gays. Elle nous paraissait brutale et devait être réservée aux seules personnes ayant des conduites à risque. Nous avons saisi la Halde et suivi ce dossier jusqu'à la levée de cette interdiction. Des associations plus puissantes que ELCS et plus légitimes sur le sujet, comme SOS Homophobie, ont porté ce combat sur le long terme. Mais,

avec notre saisine de la Halde, nous avons aussi été les premiers à saisir sur ce sujet un ministre, Xavier Bertrand, qui nous soutiendra, même si ce ne fut pas lui qui, malgré sa détermination, fit cesser cette discrimination.

En 2003, ELCS a convaincu toutes les associations de lutte contre le sida de demander qu'elle soit déclarée grande cause nationale. Il nous fallut presque deux ans pour l'obtenir. Pour cela, j'ai rencontré Jean-Pierre Raffarin à plusieurs reprises et l'ai finalement convaincu par un geste fort : j'ai vidé sur son bureau une enveloppe qui contenait les 30 cachets que j'ingurgitais à cette époque…

En 2005, grâce à ce Premier ministre, nous avons mené cette année d'information et de sensibilisation. Ce fut notamment l'occasion, le 1er décembre 2004, à un mois de son lancement, de rencontrer et de convaincre Jacques Chirac de faire changer les règles d'assurance pour les prêts immobiliers. C'est encore Xavier Bertrand qui fut chargé de cette question.

Autre mobilisation : nous serons interpellés par des Français qui n'avaient pas pu voir une dernière fois leur proche décédé du sida ou séropositif. En effet, la règlementation interdisait les soins de conservation pour les personnes séropositives décédées. Cette interdiction était souvent sur-interprétée, empêchant de voir son défunt, laissant leurs proches dans le désespoir. Une stigmatisation et une discrimination qu'aucune raison de santé publique n'imposait. Durant des années, ELCS n'a cessé de se mobiliser. Longtemps bien seule. Frédéric Navarro, alors président d'Act Up, fut touché personnellement par cette mesure indigne à la mort de son compagnon. Que cette association d'activistes reconnue et, surtout, crainte des pouvoirs publics porte aussi ce combat fut décisif, comme la pétition que je lançai, en décembre 2015, sur change.org et qui obtint, à notre immense surprise, plus de 130 000 signataires. AIDES porta aussi à nos côtés ce combat. Une fois de plus, Xavier Bertrand fut sensible à notre argumentaire. Malheureusement, il n'eut pas le temps de lever cette discrimination qui ne le fut enfin, bien plus tard, par Marisol Touraine.

Depuis 2018 et le décès tragique de Christophe, nous nous sommes emparés de la problématique du chemsex. Encore un combat sur lequel les élus n'étaient pas forcément attendus. Pour les élections municipales de Paris de 2020, je n'eus pas de mal à convaincre Anne Hidalgo de s'engager à mettre en œuvre un plan municipal sur le chemsex, si elle était réélue maire. Effectivement, elle fut non seulement la seule candidate à le faire, mais aussi à en parler. À peine élue, elle confia à son adjointe à la santé, Anne Souyris, par ailleurs vice-présidente de notre association, et à moi-même, adjoint en charge des droits humains, la responsabilité de tenir sa promesse de campagne. C'est ce que nous avons fait avec Anne, puis avec Anne-Claire Boux qui lui a succédé à la santé. Nous sommes désormais l'une des rares capitales à agir.

Le manifeste d'ELCS exigeant un plan national et la proposition de résolution de Brigitte Liso, députée du Nord et vice-présidente d'ELCS, firent enfin bouger le gouvernement. J'espère que, comme ils me l'ont personnellement promis, les ministres Catherine Vautrin et Yannick Neuder mettront enfin en œuvre les propositions du Professeur Benyamina et les préconisations d'ELCS en se basant aussi sur l'expérience parisienne, menée avec tous les acteurs institutionnels, médicaux et associatifs de la capitale.

L'espoir d'une France sans sida est un vrai moteur pour ELCS. Une folle ambition ! De nombreuses villes, notamment celles qui ont le label « Ville engagée contre le sida » ou encore les collectivités locales qui se sont mobilisées en France et dans le monde après l'appel de Paris lancé par Anne Hidalgo en 2014 ont démontré que le niveau local pouvait aider à parvenir à l'objectif de l'ONUSIDA d'arriver à la fin de la transmission du VIH en 2030. Paris va y parvenir avec Vers Paris et Seine-Saint-Denis sans sida que préside le courageux Christophe Martet, ancien président d'Act Up-Paris. Même si les terribles annonces gouvernementales américaines, au début de l'année 2025, risquent de retarder l'objectif de 2030. À ELCS, nous avons immédiatement saisi Emmanuel Macron pour qu'il mobilise les pays du G20 afin que dans tous les pays, l'accès aux traitements soit universel. Je compte aussi sur le président Lula à qui, grâce à Anne Hidalgo, j'ai pu dire, en juin 2025, que nous avions besoin de lui pour arriver à une

« Le garçon de 27 ans qui apprenait en 1987 qu'il ne connaîtrait pas ses 30 ans espère aujourd'hui vivre la fin de cette pandémie qui a tué plus de 40 millions de personnes à travers la planète. »

France et à un monde sans VIH/sida. Il fut, avec Jacques Chirac, à l'initiative du Fonds mondial contre le sida, la tuberculose et le paludisme, qui a permis de faire accéder aux traitements des millions de malades a travers le monde.

Le garçon de 27 ans qui apprenait en 1987 qu'il ne connaîtrait pas ses 30 ans espère aujourd'hui vivre la fin de cette pandémie qui a tué plus de 40 millions de personnes à travers la planète. Avec les responsables d'ELCS, nous avons parfois eu la tentation de baisser les bras tant de nombreux élus nous fermaient la porte. Nous avons tenu. Je suis reconnaissant envers celles et à ceux qui ont participé à cette belle aventure collective de trente années. Qui n'ont pas craint le jugement des dames patronnesses ou la sanction de leurs électeurs...

Je sais que ces cinq ans qui nous séparent de 2030 seront la source d'une mobilisation intense et sans précédent des élus locaux contre le sida. Car l'espoir est vraiment là...

Cette histoire, un jour, nous espérons la raconter à des générations qui n'auront plus jamais peur de contracter la maladie de... l'amour !

L'espoir d'une France sans sida.

L'espoir d'un monde sans sida...

1. Action, prévention, information.
2. Le Cherche Midi (2017), avec le soutien institutionnel du laboratoire Gilead.
3. Éditions Florent Massot (2002). Je publierai aussi pour les trente ans de ma vie avec le VIH *SurVivant, mes 30 ans avec le sida*, aux Éditions Michalon (2016).
4. Centre régional d'information de et de prévention du sida. En Ile-de-France, j'en ai été président après Anne Hidalgo.
5. Association Internationale des Maires Francophones.

SOMMAIRE

ROSELYNE BACHELOT

Ancienne ministre de la Santé

« Continuons le combat !

Ancienne ministre de la Santé, Roselyne Bachelot est une personnalité publique française engagée de longue date dans les questions de santé publique. Elle a marqué son passage au ministère de la Santé par son implication dans la lutte contre les discriminations et pour l'accès aux soins pour tous-tes. Elle est marraine de l'association Élus Locaux Contre le Sida, qu'elle soutient activement depuis sa création. Son engagement en faveur de la lutte contre le VIH/sida, la prévention et la solidarité avec les personnes vivant avec le VIH illustre son attachement aux valeurs de santé publique, de dignité et de justice sociale.

« Ce qui me frappe alors est le délire homophobe qui parcourt la société, délire marqué par la stigmatisation des personnes homosexuelles et la relégation des malades touchés par le VIH.

C'est l'époque où le conjoint d'un malade décédé est chassé de l'appartement alors partagé, et cela par la famille même du disparu. »

Participer à l'écriture de l'ouvrage *L'espoir d'une France sans sida* a été l'occasion d'une rétrospective intime dans quarante années de vie politique. Ceux qui ont œuvré pour la lutte contre le sida et la prise en charge médicale et sociale des malades sont marqués par l'influence globale qu'elles ont exercée dans la matrice de leurs choix militants.

Quand je suis élue pour la première fois au conseil général de Maine-et-Loire en 1982, l'alerte officielle avait été donnée un an auparavant répertoriant les premiers cas de sida chez de jeunes hommes homosexuels à New York et Los Angeles. Ce qui me frappe alors, beaucoup plus finalement que l'aspect sanitaire, est le délire homophobe qui parcourt la société, délire marqué par la stigmatisation des personnes homosexuelles et la relégation des malades touchés par le VIH. C'est l'époque où le conjoint d'un malade décédé est chassé de l'appartement alors partagé, et cela par la famille même du disparu ; où une personne suspecte d'être malade perd son emploi ; où certains courants religieux professent l'idée que le VIH est la punition de pratiques sataniques !

Il apparaît alors avec force que la lutte contre les discriminations, d'où qu'elles viennent, est une part non négociable de la lutte contre cette maladie. La création de AIDES en 1984 me fait rejoindre les quelques militants de ma ville, participer aux premières campagnes d'information, saluer le courage de Michèle Barzach qui autorise la vente libre des seringues en pharmacie et permet d'améliorer la prévention.

Mon élection à l'Assemblée nationale en 1988, puis ma nomination comme ministre de la Santé en 2007, vont remettre la prise en charge sanitaire au cœur de mon engagement. Création des grands organismes en 1989, ANRS, AFLS, Conseil national du sida, préservatif à 1 franc en 1993, la société fait vraiment, elle aussi, son *coming out* et sort du placard. L'arrivée des trithérapies en 1996 est à nouveau l'occasion d'une salve réactionnaire, heureusement combattue par le secrétaire d'état à la Santé, Hervé Gaymard, qui décide la prise en charge universelle, gratuite et illimitée de ces thérapeutiques. Là encore, la révolution conceptuelle est l'œuvre des associations et veut que le malade soit au centre du parcours de soins et le principal acteur de son traitement. La loi Kouchner — merci à lui — inscrira cela en 2002 dans le marbre législatif.

C'est au cours de ces années de combat que je fais la connaissance de Jean-Luc Romero, puisque nous partageons les mêmes bureaux à l'Assemblée nationale et j'adhère à l'association qu'il a créée Élus Locaux Contre le Sida. Mon combat pour le Pacte civil de solidarité va sceller une amitié et une solidarité indéfectibles qui traverseront les vicissitudes inévitables des carrières politiques. C'est aussi cela qu'apporte cet engagement : transcender les divergences idéologiques pour se retrouver ensemble et faire avancer un monde fracturé. Ministre de la Santé, je peux approfondir tous ces engagements que je me refuse à segmenter en soutenant la diversification des moyens de prévention au-delà du préservatif masculin, en ouvrant les TROD[1] aux associations, en sortant la transidentité de la liste des maladies psychiatriques...

Aujourd'hui simple citoyenne, je continue cet engagement global comme militante associative : la victoire totale est encore loin d'être gagnée et ce qui se passe actuellement dans le monde nous montre que des victoires que l'on croyait intangibles sont menacées par les forces de la réaction et de la bêtise. L'espoir d'un monde sans sida est attaqué par les ingénieurs du chaos, nous serions alors criminels de baisser la garde. Continuons le combat !

« La lutte contre les discriminations, d'où qu'elles viennent, est une part non négociable de la lutte contre cette maladie. »

1. Test rapide d'orientation diagnostique.

YAËL BRAUN-PIVET

Présidente de l'Assemblée nationale

« Le sida n'est pas invincible

Avocate et militante associative, Yaël Braun-Pivet est présidente de l'Assemblée nationale depuis 2022. Attentive aux enjeux de santé publique, notamment dans le cadre de la lutte contre le VIH/sida, elle a soutenu, à ce titre, les initiatives visant à renforcer la prévention, le dépistage et la lutte contre les discriminations. Par ses fonctions parlementaires, elle a également été amenée à encourager la mobilisation des institutions autour des droits des personnes vivant avec le VIH, en lien avec les associations et les acteurs engagés sur le terrain.

« Combattre les préjugés, mieux éduquer pour mieux soigner : tel est justement l'enjeu de l'éducation à la vie affective, relationnelle et à la sexualité. »

Alors même que nous détenons les clefs, les outils et les moyens pour mettre fin à l'épidémie de VIH/sida, les résultats de la lutte contre le virus stagnent, voire régressent. Avec 3 600 nouvelles contaminations en 2023 et un taux d'incidence national de 5,3 pour 100 000 habitants, la situation ne s'améliore plus depuis 2021.

Derrière ces chiffres se cachent par ailleurs des inégalités sociales et territoriales qui font le lit de la maladie. Ainsi, en France, les femmes nées à l'étranger sont particulièrement touchées, tandis que l'épidémie demeure notablement active en Outre-mer. Pire encore, parmi les 200 000 personnes vivant aujourd'hui avec le VIH, près de 24 000 l'ignorent, ce qui constitue pour elles une perte de chances considérable.

À l'épreuve de la maladie peuvent encore s'ajouter la stigmatisation et la discrimination. Les personnes séropositives sont en effet trop couramment victimes, au quotidien, de sérophobie. Cela paraît impensable, et pourtant : en 2024, 15 % des Français souhaitent isoler les personnes vivant avec le VIH. Tandis que le virus attaque le corps, de telles stigmatisations et discriminations rongent l'esprit et brisent des vies.

Combattre les préjugés, mieux éduquer pour mieux soigner : tel est justement l'enjeu de l'éducation à la vie affective, relationnelle et à la sexualité. Loin des polémiques, elle constitue un véritable enjeu de santé publique pour la santé de nos jeunes et donc l'avenir de nos sociétés.

À nous, responsables politiques, incombe par conséquent une impérieuse responsabilité : faire bloc contre l'indifférence, prendre conscience de l'urgence. Que constatons-nous aujourd'hui ? Les soignants, les bénévoles se démènent sur le terrain — mais ont parfois le sentiment que leur combat est trop peu écouté, ou relayé, par les élus de la République. Ce n'est plus acceptable.

La lutte contre le VIH/sida doit redevenir une grande cause nationale et une priorité publique. Elle doit réellement être l'affaire de tous, pas seulement des soignants et des patients, mais aussi des responsables politiques, qui doivent se hisser à la hauteur des enjeux. Pour ma part, je m'y efforcerai toujours.

Depuis 2022, je me suis investie pour que l'Assemblée nationale soit en première ligne de la lutte contre le VIH/sida. Et il est heureux de constater que loi après loi, initiative après initiative, les clivages partisans s'effacent face à ce péril commun.

C'est ainsi que depuis 2022, les députés ont adopté, notamment à travers les lois de financement de la Sécurité sociale, plusieurs mesures très concrètes, avec deux priorités : mieux dépister et mieux prévenir.

Que l'on pense à l'initiative « Au Labo sans Ordo » (dépistage gratuit du VIH sans ordonnance), à la gratuité des préservatifs pour les moins de 26 ans, aux rendez-vous de prévention aux âges clés, ou au dispositif « Handigynéco » pour les femmes en situation de handicap, ce sont autant de nouvelles mesures simples, concrètes et efficaces qui ont ainsi été adoptées par voie législative.

L'Assemblée nationale agit également pour sensibiliser le plus grand nombre aux gestes de prévention : nous distribuons à tous les députés et personnels, chaque 1er décembre, des rubans rouges à épingler, ainsi que des préservatifs. Et nous mettons à disposition des autotests VIH au cabinet médical de l'institution.

« La lutte contre le VIH/sida doit redevenir une grande cause nationale et une priorité publique. »

Lors de cette même Journée mondiale de lutte contre le sida, la colonnade de l'Assemblée nationale s'illumine régulièrement en rouge. Enfin, l'accrochage d'immenses rubans rouges aux grilles du Palais-Bourbon m'a personnellement valu, en 2022, des remarques déplacées, démontrant l'importance de continuer à s'engager dans ce combat contre l'ignorance et l'oubli.

Car, oui, l'invisibilisation de l'épidémie constitue un péril qu'il nous revient de repousser, ainsi que le font celles et ceux à l'origine de cet ouvrage.

Dans cette mobilisation générale de la société pour mettre fin à ce fléau, je voudrais donc saluer l'engagement et le dévouement indéfectibles de l'association des Élus Locaux Contre le Sida et de son président-fondateur, Jean-Luc Romero-Michel. Son combat de trente ans contre le VIH et les discriminations est en tous points salutaire et exemplaire. L'Assemblée nationale est pleinement à ses côtés, comme nous l'avons prouvé, en novembre dernier, en accueillant les États généraux d'ELCS.

Remercions enfin tous les élus, soignants, bénévoles qui s'engagent au quotidien : nous avons toujours besoin de vous.

Comme l'a formulé António Guterres, le secrétaire général de l'ONU, « *le sida n'est pas invincible* ». À nous de le prouver.

CAMILLE CABRAL

Femme politique et militante

« La lutte contre le VIH est inséparable de celle contre les discriminations

Camille Cabral est médecin et militante française d'origine brésilienne, engagée de longue date dans la défense des droits des personnes trans et en faveur de la lutte contre le VIH/sida. Elle est reconnue pour avoir été la première élue trans en France, en tant que conseillère municipale du 17e arrondissement de Paris. Fondatrice de l'association PASTT, qui œuvre pour la santé et les droits des personnes trans, Camille Cabral a mené de nombreuses actions de terrain en faveur de l'accès aux soins et à l'égalité. Elle a également pris part à diverses conférences internationales et forums liés aux droits humains, à la santé publique et à la lutte contre les discriminations.

« Je rêve d'un monde où une personne trans, migrante, séropositive, puisse entrer dans une boulangerie, dans une université, dans un métro, sans être perçue comme une menace.

Car, oui, aujourd'hui encore, quand je vais aux toilettes d'une gare ou d'un aéroport, j'ai peur. »

Je suis née au nord-est du Brésil, dans une région bien éloignée des lumières de São Paulo ou Rio. Mes parents, modestes commerçants, ont tout sacrifié pour que leurs enfants accèdent à l'université. Je leur dois ma formation de médecin, mais aussi une éthique : celle de la dignité, de la persévérance et de la solidarité.

Très tôt, j'ai été marquée par deux univers qui ont façonné ma vocation : d'une part, la fréquentation des maisons closes où ma mère, femme de courage, apportait des soins aux prostituées ; d'autre part, la médecine sociale, auprès des plus pauvres, des travailleurs, des ouvriers. Ces racines ne m'ont jamais quittée. Je garde un lien fort avec ma famille et une spiritualité nourrie par la religion, même si j'en ai toujours interrogé les injonctions morales, notamment envers les sexualités minoritaires et les corps transgressifs. Ce que j'en retiens, c'est le souci de l'autre, pas le jugement.

À mon arrivée en France, c'est à l'hôpital Saint-Louis que tout a commencé. On ne parlait pas encore de VIH mais, déjà, les symptômes s'accumulaient. Ce fut le début d'une épopée médicale, sociale et humaine. J'ai rejoint AIDES dans ses premiers jours avant de fonder, en 1990, l'association PASTT (Prévention, Action, Santé, Travail pour les Transgenres), l'une des premières structures en France à accompagner les personnes trans, les travailleuses et travailleurs du sexe, les migrant·e·s, les séropositif·ve·s dans un contexte où tout cela relevait de l'invisible, du rejet ou du danger.

PASTT est née avec peu, mais avec une immense détermination. Nous avons commencé dans un bus, dans la rue, là où se trouvaient les gens. Ce que nous avons toujours défendu, c'est une approche humaine, de proximité, une démarche d'aller-vers, de créer du lien. Nous n'attendions pas que les personnes viennent à nous — nous allions à elles et nous les accompagnions dans toutes les démarches de la vie : santé, logement, justice, démarches administratives, obsèques parfois. Beaucoup n'avaient jamais été accueillies autrement qu'avec méfiance ou violence. Ce que nous offrions, c'était un peu de reconnaissance, d'humanité.

Nous ne voulions pas créer une niche, mais combattre pour l'égalité. Pour que chacun et chacune, quels que soient son origine, son genre, sa sérologie, puisse être soigné·e, accueilli·e, respecté·e. Nous ne demandions pas des privilèges. Simplement être citoyen·ne·s à part entière.

En 2001, j'ai eu l'honneur d'être élue conseillère d'arrondissement à Paris, dans le 17ᵉ. C'était une première en France pour une femme trans. J'y ai poursuivi mes combats : des actions de prévention, des campagnes de sensibilisation et du plaidoyer au cœur des institutions. Je me suis aussi exprimée dans les médias, notamment pour défendre les travailleuses du sexe, lutter contre les idées reçues, déconstruire les préjugés. Je me suis engagée contre le proxénétisme, pour faire condamner les exploiteurs. Et, dans la rue, je n'ai jamais cessé d'être présente : manifestations, collages, marches… Il fallait visibiliser les personnes trans, les sortir de l'invisibilité sociale et institutionnelle.
Avec le temps, pourtant, je ressens une forme d'éloignement par rapport à l'esprit originel de notre mobilisation. Ce que nous portions autrefois comme une revendication de visibilité et de reconnaissance a parfois été instrumentalisé dans des discours ou des stratégies politiques qui ne reflètent pas nos intentions premières. Notre lutte n'a jamais été celle de l'imposition ou de la division, mais bien celle de la reconnaissance et de l'égalité.

Pendant ce temps-là, les discriminations persistent. Les personnes séropositives continuent d'en subir, souvent insidieuses, toujours violentes. Parce que la maladie fait peur, et cette peur devient peur de la personne. Lorsqu'on craint le virus que je porte, c'est une partie de moi que l'on rejette.

On a fait des progrès considérables. Les traitements, la PrEP, le TASP, le dépistage massif — tout cela peut nous amener à une France sans nouvelles contaminations d'ici 2030. C'est possible, oui. Mais à condition de sortir des silos. D'aller au-delà de Paris, dans les banlieues, dans les zones rurales. D'aller vers. De créer du lien. De cesser de parler uniquement entre militant·e·s. Il nous faut retrouver une stratégie de santé publique inclusive, pédagogique, universaliste.

Je me suis toujours battue pour relier les luttes. La lutte contre le VIH est inséparable de celle contre les discriminations : transphobie, racisme, stigmatisation des travailleur·se·s du sexe, homophobie… Tout cela forme un même terreau d'exclusion. Tant que ces discriminations existeront, la transmission ne s'arrêtera pas.
Je rêve d'un monde où une personne trans, migrante, séropositive, puisse entrer dans une boulangerie, dans une université, dans un métro, sans être perçue comme une menace. Car, oui, aujourd'hui encore, quand je vais aux toilettes d'une gare ou d'un aéroport, j'ai peur. Nous voulons simplement avoir droit à la vie. Pas être une case, ni une étiquette.

Une France sans sida, ce n'est pas seulement une France sans virus. C'est une France sans rejet. Une France qui choisit la solidarité plutôt que la peur.

MARIE CAU

Femme politique

« Nous ne devons pas baisser la garde

Marie Cau est une femme politique française, ingénieure de formation, militante écologiste et engagée de longue date pour les droits humains. Élue maire de Tilloy-lez-Marchiennes (Nord) en 2020, elle est devenue la première femme trans élue maire en France, un symbole fort de visibilité et d'inclusion. Fervente défenseure de l'égalité des droits et de la justice sociale, Marie Cau œuvre pour une société plus ouverte, respectueuse des diversités de genre, d'orientation sexuelle et d'identité. Son parcours, à la croisée des luttes pour les droits LGBTQIA+, la transition écologique et la modernisation des territoires ruraux, en fait une voix essentielle dans les combats pour l'inclusion, notamment dans le contexte de la lutte contre le VIH/sida et les discriminations.

Depuis toujours, l'humanité a dû faire face à des maladies qui ont bouleversé les sociétés. Nous avons presque oublié la peste noire qui, au Moyen Âge, a décimé des millions de personnes en Europe. Plus tard, avec la colonisation européenne, les conquérants ont apporté en Amérique des maladies qui ont exterminé les peuples amérindiens bien plus que n'ont pu le faire les armes. En retour, l'Ancien Monde a reçu la syphilis, d'abord jugée par certains comme un châtiment divin.

Au début du XXe siècle, la grippe espagnole a tué des millions de personne dans le monde en quelques mois, davantage que la Première Guerre mondiale. Pourtant, avec l'arrivée des antibiotiques et des vaccins, l'Occident s'est cru à l'abri. Nous nous sommes sentis protégés par la science, presque arrogants, oubliant que ces progrès profitaient surtout aux pays riches. De ce côté du monde, nous ne connaissions peu ou pas les drames causés chaque année par Ebola en Afrique de l'Ouest, ou par le paludisme en zone tropicale — des maladies de pays insolvables qui ne nous concernaient pas et n'intéressent pas la recherche médicale et pharmaceutique. Or, ces maladies ignorent les frontières et le réchauffement climatique va entraîner des migrations humaines porteuses et, surtout, des vecteurs comme les moustiques tropicaux.

La mondialisation, la promiscuité croissante dans les grandes villes, la déforestation et la destruction des biotopes ont rapproché les virus et les hommes. On dit souvent que les Routes de la soie ont été un chemin d'échanges, y compris de maladies — et, de fait, c'est toujours vrai : l'épidémie de Covid nous l'a rappelé en 2020. Sans humilité ni prudence, nous avons continué à avancer comme si notre histoire n'existait pas, mais les leçons du passé montrent que la Nature reprend toujours ses droits quand on l'oublie.

« Quand le sida est apparu chez nous au début des années 1980, j'avais quinze ans. J'apprenais ce qu'était l'amour, le désir, la liberté. Mais apparaissait en même temps le mot « sida », associé à la mort. C'était un sentiment étrange et angoissant d'associer l'amour à la mort. »

C'est dans ce contexte que le sida a émergé, au début des années 1980, en Afrique centrale, avant de se propager dans le monde entier. À l'époque, on ignorait presque tout de ce virus venu de la faune sauvage. Les chercheurs ont mis du temps à identifier le VIH. Dans les pays occidentaux, la peur a grandi : on ne savait pas comment se protéger, ni comment traiter ceux et celles qui tombaient malades. Les homosexuels ont été les boucs émissaires alors qu'ils étaient les premières victimes. Le don du sang rémunéré dans les pays pauvres a été un vecteur de généralisation du VIH.

Tout cela m'a également affectée. Quand le sida est apparu chez nous au début des années 1980, j'avais quinze ans. Pour moi, l'adolescence était synonyme de découvertes et des premiers émois. J'apprenais ce qu'était l'amour, le désir, la liberté. Mais apparaissait en même temps le mot « sida », associé à la mort. C'était un sentiment étrange et angoissant d'associer l'amour à la mort. À l'époque, utiliser un préservatif était difficile, se rendre en pharmacie était honteux. J'étais quelqu'un de très romantique, fleur bleue, et je manquais d'assurance. À mes yeux, avouer qu'on prenait des précautions revenait presque à annoncer qu'on avait déjà « un problème ». Heureusement, la jeune génération a été bien informée et l'usage s'est banalisé, grâce aux associations militantes qui se sont battues contre les tabous et les préjugés.

Les homosexuels étaient montrés du doigt, traités comme responsables de tous les maux. La maladie était perçue par certains comme une « malédiction divine ». La réalité était plus cruelle : le virus circulait sans bruit, même chez les personnes transfusées, car le commerce du sang diffusait le virus à grande échelle. Le jugement social et la honte favorisaient la dissémination, tout comme la pauvreté et le manque d'accès aux soins dans certains milieux. Les toxicomanes qui partageaient du matériel d'injection ajoutaient, eux aussi, un facteur de risque supplémentaire. Et, surtout, le VIH pouvait rester silencieux plusieurs années avant d'attaquer le système immunitaire.

Durant mes vingt ans, de nombreuses personnalités ont été diagnostiquées séropositives. Être témoin de leur affaiblissement progressif fut un choc. Les premiers traitements antirétroviraux provoquèrent des effets secondaires terribles. Les malades étaient émaciés, faibles, comme des survivants de camps de concentration. Les malades en sursis devaient sans cesse se rappeler de prendre les pilules au bon moment : une seule prise oubliée pouvait permettre à la maladie de progresser. C'était une sorte de couloir de la mort qui durait une dizaine d'années.

Je décidai de commencer chaque relation sérieuse par un test mutuel, pour me rassurer et rassurer ma partenaire. Cela peut faire sourire aujourd'hui, mais à l'époque, nous n'avions que très peu d'informations. Le simple mot « sida » était synonyme de mort assurée. Il existait

« Il est essentiel d'adopter une gestion du risque plutôt qu'une simple gestion financière de la santé : anticiper, surveiller les foyers d'épidémie, protéger les écosystèmes et améliorer l'accès global aux soins. »

aussi un tabou : parler du sida rimait avec homosexualité, encore très mal vue, et beaucoup pensaient que seuls les gays étaient concernés. Pourtant, les hétérosexuels ont commencé à tomber malades, tout comme les transfusés, les toxicomanes, des travailleuses du sexe... On mélangeait tout. En Afrique, j'appris aussi que le sida était parfois surnommé *syndrome imbécile pour décourager les amoureux* — une appellation cruelle qui marquait l'ignorance et la peur.

Les choses se sont améliorées au fil des années sans pour autant de remède définitif. La vie des séropositifs est cependant devenue normale avec un traitement efficace et moins d'effets secondaires. On pourrait croire que cela pouvait nous permettre d'entrer dans une normalité, mais la discrimination était là. Même sans être séropositive, la suspicion suffisait.

« Seuls la solidarité, le partage des ressources et la recherche constante permettront de faire reculer le VIH et toutes les maladies. »

En tant que consultante indépendante, je traversais déjà des démarches compliquées : chaque nouvelle compagnie d'assurances me demandait une batterie de tests et d'examens. J'ai laissé tomber. Il était clair pour eux que j'étais « à risque ». J'ai aussi voulu donner mon sang à plusieurs reprises, mais j'ai été refusée sur des prétextes hypocrites et fallacieux. Autre signe de la stigmatisation généralisée : je n'étais pas malade, mais on me considérait comme dangereuse.

Tout cela doit nous faire réfléchir sur nos valeurs et la société que nous souhaitons. Derrière chaque malade, il y a un être plein de vie, de rêves et de peurs ; tout jugement ne fait que creuser la douleur. Les premières associations de malades, souvent portées par la communauté gay, se sont battues pour que la parole se libère et qu' on les écoute au lieu de les rejeter. Sans leur combat, il aurait fallu des années supplémentaires pour permettre à la recherche de progresser. Grâce à elles, la trithérapie a vu le jour à la fin des années 1990, transformant le sida d'un arrêt de mort en une infection chronique tant que les traitements restaient accessibles.

Sur le plan politique, le sida a mis en lumière les inégalités de notre monde. Dans les pays riches, les antirétroviraux sont devenus disponibles, même si longtemps réservés aux plus fortunés. À l'inverse, de nombreux pays du tiers monde n'ont pas eu cette chance. L'absence d'éducation, la pauvreté, le manque de centres de dépistage gratuits et la discrimination ont aggravé la crise en Afrique subsaharienne et en Asie du Sud.

Aujourd'hui, nous ne devons pas baisser la garde. Le VIH peut muter, devenir résistant aux traitements ou évoluer pour être plus contagieux. Les leçons du passé nous rappellent qu'il est moins coûteux — humainement et financièrement — d'investir dans la prévention et la recherche que de payer le prix d'une nouvelle épidémie généralisée. Les vaccins à ARN-messager, qui ont montré leur efficacité contre le Covid-19, ouvrent de nouvelles pistes pour un futur vaccin contre le sida.

Au-delà du VIH, nous avons déjà vu émerger la maladie de la vache folle, puis Ebola, Zika et, plus récemment, la pandémie de Covid-19. Chacune de ces crises rappelle que notre monde moderne reste vulnérable face aux virus. Il est essentiel d'adopter une gestion du risque plutôt qu'une simple gestion financière de la santé : anticiper, surveiller les foyers d'épidémie, protéger les écosystèmes et améliorer l'accès global aux soins.

La recherche contre le sida n'a pas seulement été utile aux personnes séropositives : elle a fait avancer la lutte contre toutes les maladies infectieuses. Les vaccins, les tests de dépistage rapides, les recherches sur le système immunitaire, tout cela profite aujourd'hui à l'ensemble de l'humanité. Ce n'est pas une quête réservée à une « communauté de privilégiés », mais un effort collectif pour préserver la vie.

L'histoire nous enseigne l'humilité : nous ne sommes jamais à l'abri. Seuls la solidarité, le partage des ressources et la recherche constante permettront de faire reculer le VIH et toutes les maladies.

Que l'amour pour tous et toutes puisse continuer à nous apporter la joie et la vie.

Restons mobilisés.

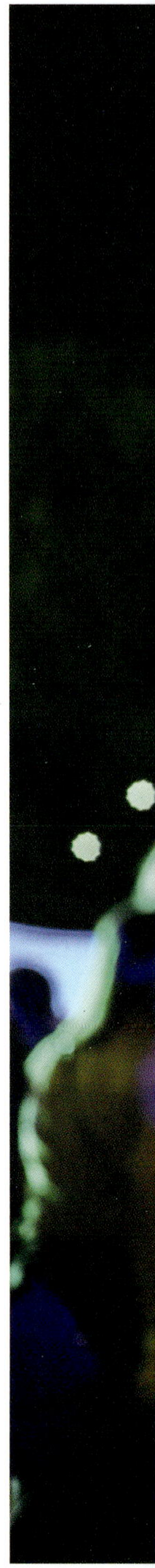

ALINE ET CÉDRIC FEITO

Cofondateur·rices de PAINT

« Les histoires des personnes séropositives méritent à elles seules une scène où les raconter

Aline et Cédric Feito sont les cofondateur·rices de PAINT, un média LGBT de référence qui propose des contenus engagés autour des questions d'identité, de luttes sociale et de représentation. À travers une approche à la fois journalistique et artistique, le média PAINT met en lumière des parcours et des récits souvent marginalisés, avec une attention particulière portée aux enjeux queer, féministes et antiracistes.

PAINT

La première fois qu'on a entendu parler du VIH/sida, c'était au collège, dans un paragraphe isolé d'un manuel scolaire. Rien qui puisse vraiment rendre compte de la gravité de l'épidémie, ni de la violence sociale, politique et émotionnelle qu'elle a engendrée. Pour les ados que nous étions, en plein questionnement sur notre homosexualité, le sida apparaissait surtout comme une menace lointaine, enveloppée de peur et d'ignorance, dans un climat déjà chargé d'homophobie et de sérophobie.

Ce n'est que plusieurs années plus tard, à travers notre média PAINT, que la réalité du VIH/sida s'est imposée à nous de manière bien plus concrète et intime. PAINT, que nous avons lancé en 2018 avec l'envie de créer un espace pour rassembler toute la communauté LGBTQIA+, est aujourd'hui le média LGBTQ+ le plus suivi de France, avec plus de 800 000 abonné·es et 35 millions de vues par mois. Une plateforme née d'un besoin viscéral : celui de raconter nos histoires, de créer du lien, et de mettre en lumière celles et ceux à qui on n'a jamais donné la parole.

« Dès notre première vidéo sur le sujet avec deux personnes séropositives issues de générations différentes, nous avons compris à quel point la parole autour du VIH restait fragile. »

Dès notre première vidéo sur le sujet avec deux personnes séropositives issues de générations différentes, nous avons compris à quel point la parole autour du VIH restait fragile, douloureuse mais nécessaire. Leurs récits nous ont marqués : les années noires, l'isolement, la stigmatisation. Ce qui nous a le plus bouleversés, c'est de voir à quel point, malgré les avancées médicales, la sérophobie est toujours aussi présente.

Depuis, nous recevons régulièrement des messages de jeunes qui découvrent leur séropositivité et ne savent pas vers qui se tourner ou quoi faire. Beaucoup nous disent qu'ils ne connaissent pas bien le VIH, qu'ils ignorent les moyens de prévention, ou qu'ils pensaient que c'était « fini ». En 2023, pourtant, près de 40 millions de personnes dans le monde vivent encore avec le virus. Et trop peu de gens en parlent.

C'est pourquoi nous pensons que les réseaux sociaux ont un rôle fondamental à jouer dans cette lutte. Non seulement pour diffuser de l'information, mais surtout pour créer de l'empathie, briser les tabous, visibiliser les récits, et donner la parole aux concerné·es. Les témoignages partagés sur PAINT, les vidéos, les messages reçus, prouvent que ce lien digital peut aussi être profondément humain. C'est une communauté qui s'écoute, qui se soutient et qui réagit.

Pour nous, il est également essentiel que la culture soit mise en avant et soutenue pour parler du sida et du VIH, que ce soit à travers des livres, des expositions d'art, le théâtre et le cinéma… Des films comme *120 Battements par minute* (2017), ou des séries comme *It's a sin* (2021) sont les parfaits exemples que l'art peut servir la cause et en donner un maximum de visibilité, d'amour et d'empathie. Que les histoires des personnes séropositives méritent à elles seules une scène où les raconter, les rappeler, les honorer. Parce que l'art touche là où les discours parfois échouent : dans le cœur, dans les tripes, dans l'intime.

Nous voulons remercier ici toutes les personnes engagées, militant·es, chercheur·euses, artistes, associations, et donateur·ices, qui font avancer cette cause depuis tant d'années. C'est grâce à elles que l'on progresse.

De notre côté, nous nous engageons, avec PAINT, à continuer ce travail de mémoire, d'éducation et de transmission. À amplifier les voix des personnes séropositives, de toutes origines et générations. À rappeler que vivre avec le VIH, aujourd'hui, c'est possible. C'est même souvent vivre pleinement. Et que ces vies, comme toutes les autres, méritent respect, dignité, amour — et la lumière qu'on leur doit.

Fièrement.

«

L'art touche là où les discours parfois échouent : dans le cœur, dans les tripes, dans l'intime.

»

CLAIRE HÉDON

Défenseure des droits

« Le combat pour l'égalité reste à mener

Claire Hédon, journaliste et militante engagée pour les droits humains, est Défenseure des droits depuis 2020. Elle œuvre à faire respecter les droits et libertés dans tous les domaines de la vie quotidienne, avec une attention particulière aux discriminations liées à l'état de santé, notamment celles subies par les personnes vivant avec le VIH. Dans ses rapports et prises de position publiques, elle dénonce les inégalités d'accès aux soins, les violences institutionnelles, ou encore les discriminations dans l'emploi, le logement ou la vie sociale. Elle défend une approche fondée sur la dignité, l'égalité et l'effectivité des droits, en lien étroit avec les associations de lutte contre le VIH/sida. Par son action, Claire Hédon contribue à renforcer la reconnaissance des droits des personnes séropositives et à rappeler que la lutte contre le sida est aussi un combat pour l'égalité et la justice sociale.

Le combat contre le VIH n'est pas terminé, il ne peut faiblir. L'intensité de la maladie ravage encore des vies, sur le territoire national comme dans les pays les moins armés pour lutter contre ce virus, qui provoque encore marginalisation et culpabilisation. Si des progrès remarquables ont été accomplis, notamment grâce à une mobilisation des associations et des personnes concernées en lien avec la recherche, 77 % des Français pensent encore qu'il est possible d'être infecté par le VIH en ayant un rapport sexuel non protégé avec une personne séropositive sous traitement[1].

Chacun d'entre nous connaît des personnes touchées par le virus, et ce livre, à l'occasion des trente ans d'Élus Locaux Contre le Sida, est un moyen de leur rendre hommage. Il est la marque du combat vers l'éradication de la maladie.

« Aujourd'hui, en tant que Défenseure des droits, je constate encore trop souvent que le fait d'être séropositif au VIH conduit à des atteintes aux droits et à des discriminations. »

Cette histoire de lutte, je l'ai vécue tout au long de mon parcours, avec l'enjeu essentiel d'entendre et de partager la parole des personnes concernées. En prenant les rênes de l'émission « Priorité Santé » sur RFI, en 2003, j'ai bénéficié d'une plateforme unique pour aborder des sujets alors souvent tabous, en accueillant des médecins, des chercheurs, des militants et des patients. Chacun a apporté son expertise et son vécu pour éclairer les enjeux complexes liés au VIH, à la façon dont il peut briser des communautés comme souder des personnes.

Car la lutte contre le VIH est avant tout une question de solidarité, de liens humains. J'insiste : les associations ont joué et continuent d'incarner un rôle salvateur, en proposant une communauté d'aide, d'appui, en sensibilisant le grand public et en plaidant pour une réponse publique adaptée. Cette mobilisation de long terme a permis de faire avancer la recherche, de briser les tabous pour réduire la stigmatisation associée à cette maladie.

Les associations ont aussi démontré la nécessité d'une réponse mondiale à l'épidémie, en mettant en lumière les inégalités criantes d'accès aux soins. Leur plaidoyer a historiquement tissé des liens entre les personnes les plus vulnérables, au niveau national comme international. Aujourd'hui, ce croisement des luttes est rendu d'autant plus nécessaire par le fait que plus de la moitié des nouvelles détections de cas de VIH est recensée parmi les personnes d'origine étrangère, 40 % de ces nouveaux cas se déclenchant une fois présent sur le territoire national[2]. Le cumul des vulnérabilités et des précarités sociale, économique comme juridique, rend la solidarité cruciale. Alors que la prévention et l'information sont fondamentales, nous avions montré dans une étude de 2023 que les bénéficiaires de l'Aide médicale d'Etat (AME) subissent des discriminations accrues dans l'accès aux soins, avec par exemple des probabilités plus faible d'obtenir un rendez-vous[3].

Aujourd'hui, en tant que Défenseure des droits, je constate encore trop souvent que le fait d'être séropositif au VIH conduit à des atteintes aux droits et à des discriminations. J'observe un double mouvement : d'une part, la persistance des discriminations envers les personnes porteuses du virus, notamment sur le critère de l'état de santé ; d'autre part, une levée progressive de certains obstacles à l'égalité, en particulier en matière d'emploi.

Chaque année, nous sommes saisis de quelques dizaines de situations de refus de soins discriminatoires. Or, nous avons bien conscience que ce faible nombre de réclamations ne reflète pas l'ampleur du phénomène, ce qui nous a amenés à lancer un appel à témoignages sur cette question. Le résultat a été publié en 2025, avec l'étude « Prévenir les discriminations dans les parcours de soins : un enjeu d'égalité »[4], avec un volet sur les discriminations dont sont victimes les personnes séropositives au VIH dans les soins.

Il ne s'agit ni plus ni moins que d'éliminer les refus de soins discriminatoires, dont les conséquences sur la vie des patients ne sont plus à décrire : renoncement à se faire soigner, perte de confiance dans le corps médical, dégradation de la santé physique comme mentale.
Face à cela, le Défenseur des droits est un recours. Je pense par exemple à une médecin qui a refusé de recevoir une patiente séropositive pour un soin esthétique au nom du « principe de précaution ». Cette dernière nous a saisis et, suivant nos recommandations, la chambre disciplinaire de l'Ordre des Médecins a condamné cette médecin en partie pour discrimination, avec une peine de suspension d'exercice et une amende de 2 000 euros. Je pense également au cas d'une dentiste refusant un patient séropositif par peur de contaminer d'autres patients, quand bien même les protocoles de désinfection sont les mêmes pour tous. Le tribunal judiciaire de Strasbourg, dans une décision suffisamment rare pour être soulignée et en suivant nos observations, a condamné le centre de soins à indemniser le réclamant pour son préjudice moral, estimé à environ 1 000 euros.

En matière d'accès à l'emploi, des progrès ont été enregistrés ces dernières années, notamment dans le secteur public. Le référentiel d'aptitude qui excluait les personnes vivant avec le VIH a été abrogé pour les policiers et assoupli pour les militaires, suivant une demande du Défenseur des droits.

J'ai bon espoir que ces situations anachroniques disparaissent, de même que les mécanismes de rejet qui provoquent discriminations à l'embauche ou plus simplement des préjugés de la part des collègues ou des proches. Pour les personnes victimes, j'insiste : saisissez-nous, appelez notre numéro anti-discrimination, le 3928, ne serait-ce que pour mettre des mots sur une expérience discriminatoire et étudier la possibilité du recours. Le combat reste à mener.

---

1. Étude IFOP pour AIDES : « *1984-2024 : La sérophobie en France et les représentations du VIH* » | urls.fr/jWeaFo
2. VIH/sida - Santé publique France | urls.fr/Jl5DIW
3. Les refus de soins opposés aux bénéficiaires de la complémentaire santé solidaire et de l'aide médicale de l'état. | urls.fr/IvEvqd
4. Rapport : *prévenir les discriminations dans les parcours de soins : un enjeu d'égalité 2025* | urls.fr/FX-hMi

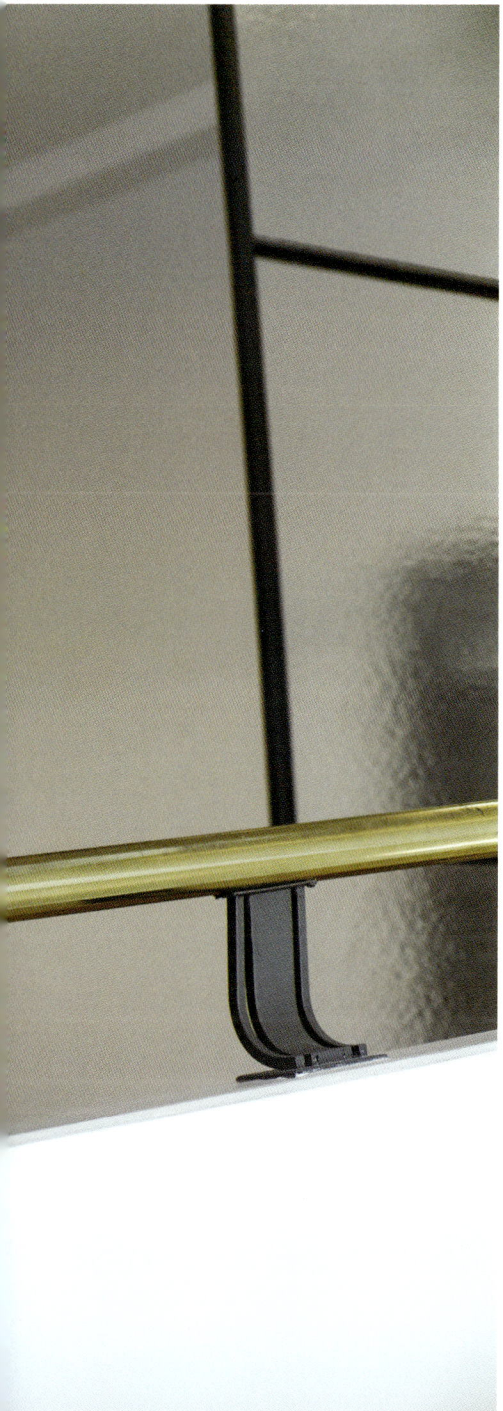

ANNE HIDALGO

Maire de Paris

« La fin du sida est à la portée de notre génération

Maire de Paris depuis 2014, Anne Hidalgo a marqué son engagement en faveur de la lutte contre le VIH/sida, en soutenant des politiques publiques de prévention, d'inclusion et d'accès aux soins. Sous son impulsion, la Ville de Paris a été la première à signer, en 2014, la Déclaration de Paris, en partenariat avec ONUSIDA, affirmant son engagement à mettre fin à l'épidémie de sida dans les villes d'ici 2030. Cet engagement s'est traduit concrètement par la création de l'association Vers Paris sans sida, à l'initiative de la Ville de Paris qui mobilise les acteurs locaux autour d'objectifs ambitieux en matière de dépistage, de traitement et de lutte contre les discriminations.

La lutte contre le sida est au cœur de mon engagement depuis toujours. Peu le savent, mais Paris est la ville européenne qui a perdu le plus de vies au plus fort de l'épidémie du sida. Sans doute parce que Paris est une ville refuge pour toutes celles et ceux qui aspirent à vivre et aimer librement, elle a vu une partie de sa jeunesse décimée en quelques années, avec ses espoirs, ses projets et ses rires qui se sont tus. Oui, le sida ce sont aussi des drames intimes et personnels, une génération fauchée, qui avait l'avenir devant elle. J'appartiens, avec tant d'autres, à cette génération.

Dans tous mes mandats, j'ai tenu à placer tout en haut de mes priorités le combat contre le VIH et contre les discriminations qui font le lit de cette épidémie. Se battre contre la maladie, c'est d'abord se battre contre l'homophobie, la transphobie, le racisme et la stigmatisation de nos concitoyens qu'une société marginalise, les éloignant des messages de prévention et des soins. Et c'est une bataille mondiale.

« Se battre contre la maladie, c'est d'abord se battre contre l'homophobie, la transphobie, le racisme et la stigmatisation de nos concitoyens. »

Élue maire de Paris en 2014, j'ai eu la fierté d'initier, avec nos amis de l'ONUSIDA et d'ONU-Habitat, le premier réseau international des villes engagées pour mettre fin à la transmission du VIH d'ici 2030 avec trois objectifs clairs : 95 % des personnes qui vivent avec le VIH connaissent leur diagnostic, 95 % des personnes diagnostiquées sont sous traitement antirétroviral ; et 95 % des personnes sous traitement ont une charge virale indétectable et ne transmettent plus le VIH, parce qu'indétectable = intransmissible.

Ce réseau, qui regroupe aujourd'hui 550 villes du monde entier, est le prolongement sur la scène internationale de mon engagement ancien à Élus Locaux Contre le Sida, la si belle initiative créée en 1995 par mon ami Jean-Luc Romero-Michel.

Jean-Luc a été de tous les combats contre le sida. C'est un ami, c'est un militant et sa force et son courage sont un exemple pour toutes et tous. Je suis fière qu'il soit mon adjoint. Pour tout ce qu'il a fait, ses luttes et ses combats, je tiens à lui exprimer mon immense gratitude.

J'en ai la profonde conviction : une santé publique efficace, celle qui se met au service des plus vulnérables et des plus stigmatisés, se construit dans l'action locale, au plus près de leurs besoins. Mettre fin au sida en quinze ans, qui y aurait cru ? Pourtant, les résultats de notre engagement sont là, dix ans plus tard !

À Paris, le nombre de nouvelles découvertes de séropositivité au VIH est passé d'un millier de nouveaux cas en 2014 à 650 en 2023. Malgré l'impact de la crise du Covid-19, qui a mis sous tension l'ensemble du système de santé et ralenti les campagnes de dépistage, nos efforts ont porté leurs fruits : en 2023, le nombre de nouveaux diagnostics enregistrés reste inférieur de 20 % à celui de 2019, dernière année de référence avant la pandémie.

«

Une santé publique efficace se construit dans l'action locale, au plus près de leurs besoins.

»

Ces réussites sont la récompense d'un travail acharné, conduit avec l'association Vers Paris sans sida, pour surmonter nos trois défis majeurs. Je tiens vraiment à saluer et remercier France Lert, une combattante qui n'a jamais rien lâché face au sida. Je veux aussi saluer Christophe Martet et celles et ceux qui poursuivent, notamment à Paris sans sida, avec force ce combat, dans l'esprit de ce qui a été bâti. Je veux enfin remercier les médecins et les associations qui luttent au quotidien. Je veux remercier toutes celles et tous ceux qui se battent dans la lutte contre le sida.

Nous faisons donc face à trois défis majeurs.

D'abord, le défi du dépistage, qui a augmenté de 25 % en dix ans. Pour y arriver, nous avons su innover, en inventant, à Paris et dans les Alpes-Maritimes, un système de dépistage du VIH direct et gratuit, sans ordonnance, dans tous les laboratoires. Devant son succès, ce dispositif a été généralisé. J'en ai pour preuve : en améliorant le dépistage, nous avons rendu les diagnostics plus précoces : à Paris, une personne concernée sur quatre découvre désormais sa séropositivité dans les trois mois après le début de son infection. Là encore, nous avons tenu notre promesse : permettre à toutes les personnes vivant avec le VIH d'avoir très rapidement accès au traitement, et donc à une charge virale indétectable. On ne le rappellera jamais assez : indétectable = intransmissible !

Notre deuxième défi était l'augmentation du recours à la PrEP. Là aussi, nos efforts pour banaliser ce traitement préventif révolutionnaire ont payé : entre 2016 et 2022, le nombre de personnes ayant commencé la PrEP a été multiplié par 3,6 à Paris.

Je tiens à le rappeler : nous ne mettrons fin au sida dans le monde que si ce traitement est accessible à toutes et tous, partout, du Nord au Sud. J'en appelle donc à la responsabilité de chacune et chacun pour accélérer son déploiement à large échelle et à moindre coût.

Aussi, depuis 2001, Paris a fait de la lutte contre le VIH/sida l'une des priorités de son action internationale. Via une campagne de subventions annuelles, ce sont plus de 30 millions d'euros qui ont été versés par la Ville à des ONG mettant en œuvre des projets de prévention, de dépistage, de traitement de la maladie, dans les pays du Sud. Et nous continuerons. Surtout dans ce contexte de désengagement massif. C'est notre responsabilité et c'est ce que nous allons faire.

Enfin, notre troisième défi, le plus difficile sans doute, était et demeure la lutte contre toutes les inégalités. La haine et les préjugés abîment les individus et empêchent l'égalité réelle en matière de santé. L'expérience de la migration, du racisme, de l'homophobie, de la transphobie, de la solitude et de l'exclusion demeure la cause principale de l'épidémie, à Paris et en France, comme ailleurs. Là encore, nous agissons.

C'est pourquoi nous avons mené des campagnes de communication claires, parfois avec des messages crus. Mais notre volonté était

«

Paris se bat pour rester cette ville refuge où toutes les identités peuvent s'épanouir dans la liberté et la sécurité.

»

d'alerter. Ce sont le silence et l'indifférence qui accablent. Aujourd'hui, nous continuons, nous inscrivons cette lutte dans l'espace public. Je pense en particulier à la promenade qui porte le nom de Cleews Vellay, ancien président d'Act Up-Paris, dans le 10e arrondissement, mort alors qu'il avait à peine 30 ans; je pense à la place des Combattantes et des Combattants du sida, à Paris Centre.

À Paris, aujourd'hui encore, la moitié des nouveaux cas de VIH concerne des hommes gays, dont la plupart ne sont pas nés en France. La disponibilité de produits stupéfiants très addictifs a produit une nouvelle épidémie, celle des overdoses liées au chemsex, un phénomène contre lequel nous nous battons à Paris.

Partout dans le monde, la communauté trans est attaquée, bafouée, méprisée, violentée, y compris au plus haut niveau politique. Les personnes trans font face à des campagnes de haine intolérables. Paris se bat pour rester cette ville refuge où toutes les identités peuvent s'épanouir dans la liberté et la sécurité.

Et parce que certains ont pensé que ces vies-là ne méritaient pas leur attention, les grands programmes internationaux sur lesquels repose l'accès aux traitements antirétroviraux dans les pays du Sud sont menacés. Des décisions insensées mettent aujourd'hui en danger de mort des millions de malades du sida et abîment le fragile équilibre de la santé mondiale.

C'est contre ces fléaux que nous devons continuer de nous battre avec acharnement.

Il nous reste cinq ans pour atteindre les objectifs de l'ONUSIDA en 2030: zéro transmission du VIH, zéro décès lié au sida, zéro discrimination. Le chemin sera difficile, mais je suis optimiste! Nous le ferons. Les Jeux olympiques et paralympiques de Paris 2024 nous ont rappelé combien notre commune humanité était forte et puissante. Par-delà les nationalités, par-delà les handicaps, par-delà les différences, nous avons célébré, nous avons vibré, nous avons aimé être ensemble et nous avons montré au monde qu'une société inclusive était magnifique et à notre portée.

Alors ensemble, élus locaux, communautés, personnes vivant avec le VIH, associations, médecins, scientifiques, dirigeants nationaux et internationaux, citoyennes et citoyens: continuons le combat, pour celles et ceux qui sont partis trop tôt, trop jeunes, pour celles et ceux qui vivent, et pour les générations futures.

J'en suis convaincue: la fin du sida est à la portée de notre génération!

LOVA LADIVA

Drag queen

« Vivre n'est pas suffisant : il faut vivre bien, sans honte ni tabou

Lova Ladiva est une artiste drag queen et performeuse, active sur la scène queer française, principalement connue pour sa participation à la première saison de *Drag Race France*. À travers ses performances mêlant musique, humour et engagement, elle contribue à la visibilité des cultures LGBTQIA+ et la diffusion des messages politiques et sociaux auprès de publics variés. Elle intervient régulièrement dans des événements militants, culturels ou communautaires, en lien avec la lutte contre les discriminations, la promotion de la diversité et la prévention en santé, notamment autour du VIH/sida.

« **Le VIH, c'est encore un stigmate et on l'oublie trop vite. On pense que tout va bien, mais tant qu'il y aura des regards qui se détournent, des gens qu'on isole ou qui n'osent pas dire leur statut, des morts, alors non : tout ne va pas bien.** »

C'était en 2009, ou peut-être en 2010. Mon frère et moi vivions en colocation. Un quotidien partagé entre les lessives, les playlists qu'on se disputait, et ses absences de plus en plus longues au fond du canapé. Il était très souvent malade, épuisé sans raison, et toussait beaucoup. Alors, un jour, on a décidé de faire des analyses de sang. Ça ne devait être rien, une simple formalité, sans enjeu.

Quelques jours plus tard, il me rappelle. Il ne me dit pas ce qu'il a. « *Je ne peux pas t'en parler au téléphone* ». Il me demande juste de le rejoindre à l'hôpital au service « *maladies infectieuses et tropicales* ». Quand j'entends le nom du service, je comprends tout de suite.

Une fois sur place, il m'annonce qu'il est séropo et qu'il a une charge virale très élevée. Pour lui, c'était un choc, un deuil. On a eu peur. À l'époque, on confondait tout : VIH, sida, mort. Encore aujourd'hui, je vois à quel point les gens ont du mal à faire la différence. Même dans les milieux *safe* où l'on s'imagine protégés, la sérophobie est là. Les médecins ont pris le temps de nous expliquer et réexpliquer que oui, il était porteur du VIH, mais qu'avec un bon traitement, il deviendrait indétectable. Et qu'un séropositif indétectable ne transmet pas le virus. Je me souviens de cette phrase, « *indétectable = intransmissible* », qu'ils ont dû répéter plusieurs fois. Parce que le corps entend, mais le mental lutte, et l'imaginaire collectif traîne toujours les décennies de peur.

Mais ce jour-là, il n'y avait pas de place pour la peur. J'étais là. Je lui ai dit que ça ne changerait rien. Qu'il resterait mon frère et qu'il pouvait compter sur moi. Mais lui portait tout le poids de ce diagnostic. Le regard qu'il avait sur lui-même est resté pendant des années très dur. La peur de contaminer, la peur d'être un fardeau, la peur d'être repoussé.

Je me souviens d'un moment marquant. C'était un soir, on cuisinait des pâtes, rien de plus banal. Et là, il s'est coupé. Quelques gouttes de sang sont tombées sur le plan de travail et dans les pâtes. Il s'est figé, puis a crié: « *Ne touche à rien !* » avant de s'effondrer. Et moi, sans réfléchir, je lui ai dit: « *Si tu veux, je me coupe aussi.* » C'était absurde, peut-être, mais c'était une réponse instinctive, fraternelle. Une manière de lui dire: ton sang ne me fait pas peur. Ton corps n'est pas une menace. Tu es mon frère.

Pour moi, ça a toujours été une évidence: l'accompagner. Être là. Je l'ai aidé dans les soins, les traitements, les prises de médicaments. Par amour, bien sûr, mais aussi par rage. Par colère des injustices qu'il subissait. On a beau parler de progrès, la sérophobie est toujours là — discrète, mais tenace. Elle a juste changé de visage et est devenue feutrée, presque socialement acceptée dans certains contextes. Elle prend mille et une formes: les silences gênés, les distances subtiles, ou encore les phrases mal formulées. Elle vient de l'ignorance, souvent. De ce qu'on ne sait pas, ou de ce qu'on ne veut pas savoir.

Moi aussi, au début, j'ai eu des réflexes, des hésitations et des craintes irrationnelles, parce qu'on grandit avec une culture de la peur autour du VIH. Mais on peut désapprendre. Il faut juste commencer par écouter et choisir ensuite de ne pas détourner le regard.

Je pense beaucoup aux jeunes d'aujourd'hui. À ceux qui me disent qu'ils prennent la PrEP mais qu'ils l'arrêtent parce que ça leur fait « *mal au corps* » ou « *ça fatigue* ». Je les entends. Mais je leur dis: contracter le VIH, c'est autre chose. Ce n'est pas juste une pilule oubliée. C'est un traitement à vie. Et puis, surtout, c'est une histoire. Des gens sont morts parce qu'ils n'avaient pas ce que toi, tu as entre les mains aujourd'hui. Dans les années 80, la PrEP aurait sauvé des vies. Le VIH, c'est encore un stigmate et on l'oublie trop vite. On pense que tout va bien, mais tant qu'il y aura des regards qui se détournent, des gens qu'on isole ou qui n'osent pas dire leur statut, des morts, alors non: tout ne va pas bien.

Aujourd'hui, mon frère va bien. Il est indétectable. Il vit, il aime, il rit. Mais je garde en tête cette image-là: un plan de travail, du sang, un corps qui s'effondre. Et un autre qui répond, maladroitement, mais sincèrement: je suis là. Cet événement familial a été un véritable élément déclencheur. Bien sûr, j'étais déjà sensibilisée, mais là, ça m'a touchée de près, car j'ai eu peur. J'ai eu peur de perdre mon frère. Et ça m'a donné envie d'en faire plus. De passer à l'action autrement. De faire de ma visibilité un espace utile, un relais, un appui.

Dans tous les événements que j'organise, il y a toujours des préservatifs et protections à disposition. J'encourage à se protéger, je parle ouvertement de la PrEP sur scène et en dehors. À mon niveau, j'essaie de contribuer à cette chaîne de soin, de prévention et de transmission. Pour moi, faire la fête, c'est aussi prendre soin de soi et des autres. Et j'ai envie de proposer à la communauté LGBTQIA+, mais aussi

« On a beau parler de progrès, la sérophobie est toujours là — discrète, mais tenace. »

aux allié·es, des espaces où l'on se sent *safe*, informé·es, et écouté·es. Car je pense que oui, aujourd'hui, il y a eu des progrès en matière de sensibilisation, mais pas suffisamment dans les endroits concernés.

Nous, les drags, avons toujours joué un rôle dans cette lutte. Nos sœurs ont été là dans les années les plus sombres, dans les hôpitaux, dans les collectes, sur les plateaux télé et dans les rues. Nous avons souvent été en première ligne. Je dirais que c'est presque dans nos gènes politiques. Car porter des perruques et des talons, ça peut paraître léger, mais c'est profondément sérieux. Nous sommes des corps politiques, et en tant que drag queen, je me sens responsable. Être drag, c'est être un porte-drapeau. Et moi, je veux porter ce drapeau-là : celui du *care*, de la prévention, de l'écoute et de la bienveillance.

« Le VIH, c'est encore un stigmate et on l'oublie trop vite. On pense que tout va bien, mais tant qu'il y aura des regards qui se détournent, des gens qu'on isole ou qui n'osent pas dire leur statut, des morts, alors non : tout ne va pas bien. »

Pour mes prochaines soirées, je veux aller plus loin dans ma démarche, notamment en mettant en avant le travail d'associations comme AIDES ou Sidaction. Je veux offrir des stands, des espaces de dialogue, des activités où l'on n'a pas peur de poser des questions. Aucun tabou avec moi. Je veux être ce genre de figure : visible, rassurante, ouverte.

Et puis, il y a une urgence qui monte. Je milite aussi sur la question du chemsex, parce que je viens du monde de la nuit et je vois ce qu'il s'y passe. Je vois les jeunes commencer de plus en plus tôt, souvent sans cadre, sans info, sans recul. Et pas que dans les milieux queer. Le chemsex touche tout le monde : hétéros, flics, juges, fonctionnaires. Il faut briser cette image biaisée. Il y a là une vraie prise de risque vis-à-vis du VIH et des IST avec le chemsex, et ça me fait peur. Je me dis qu'il faut qu'on en parle plus, qu'on accompagne les jeunes générations. Si moi, je peux utiliser ma voix pour ça, alors je le ferai.

Aujourd'hui, on a la chance de pouvoir vivre avec le VIH, mais ce n'était pas possible quelques années auparavant. Et encore, vivre, ce n'est pas suffisant. Il faut pouvoir vivre bien, sans honte, sans tabou et sans exclusion. Alors, oui, je suis restée ce jour-là. Et je reste encore. Pour mon frère, pour moi, pour nous. Pour toutes celles et ceux qui n'ont plus la force, pour celles et ceux qu'on n'écoute pas. Je reste. Et je parle.

DES TRAVAUX

«

**Nous sommes
des corps politiques,
et en tant que drag
queen, je me sens
responsable. Être
drag, c'est être un
porte-drapeau.
Et moi, je veux
porter ce drapeau-là :
celui du care,
de la prévention,
de l'écoute et de
la bienveillance.**

»

CHRISTOPHE MARTET

Journaliste et militant

« Vivre avec le VIH, ce n'est pas seulement se battre pour sa santé et pour ses droits : c'est aussi se soucier des autres

Figure emblématique de la lutte contre le VIH/sida en France, Christophe Martet est un militant engagé de longue date. Journaliste de formation, activiste, séropositif depuis 1985, il a consacré sa vie à défendre les droits des personnes vivant avec le VIH, notamment à travers son rôle de président au sein de l'association Act Up dans les années 90. Depuis mars 2023, il est président de l'association Vers Paris sans sida, qui œuvre pour éradiquer l'épidémie d'ici 2030. Sous sa direction, l'association soutient des projets concrets de prévention, de dépistage et de formation en collaboration avec les acteurs locaux. Son parcours fait de lui une voix majeure dans la lutte contre le VIH.

Lorsque Jean-Luc Romero-Michel m'a proposé il y a quelques mois d'écrire un texte pour ce livre, j'ai immédiatement répondu oui avec enthousiasme, et ce pour plusieurs raisons. Je connais Jean-Luc depuis plus de vingt-cinq ans et sa ténacité et son engagement contre le sida forcent l'admiration. Nous échangeons souvent sur la nécessité pour les personnes séropositives de témoigner (quand elles le peuvent, bien sûr) parce que c'est aussi à travers notre vécu que la réalité de l'épidémie devient concrète.

J'étais aussi enthousiaste car, à l'automne dernier, en présentant, lors de la conférence célébrant les dix ans de la Déclaration de Paris, des bons chiffres sur l'évolution de l'épidémie dans la capitale et en Seine-Saint-Denis, je voyais se rapprocher le but fixé en 2014. Mettre fin à l'épidémie en 2030 avec zéro transmission, zéro décès et zéro discrimination devenait un objectif de plus en plus réaliste et concret.

Aujourd'hui, à l'heure où j'écris ces lignes, nous ne sommes plus sûrs de rien. Depuis janvier 2025 et l'investiture de Donald Trump, le monde découvre avec effroi que les annonces du candidat s'appliquent les unes après les autres. Mots interdits, fonctionnaires licenciés, effacement administratif des personnes trans, recherche et universités sous contrôle, étranger.ères expulsé.es. Décret présidentiel après décret présidentiel, le président étasunien détruit des décennies de progrès. La réalité se rapproche dangereusement de certaines fictions dystopiques.

C'est dans le domaine du développement et de la santé que les décisions trumpistes ont provoqué un chaos mondial. La suppression de 92 % des financements de l'USAID, l'agence étasunienne du développement, décidée en février 2025, le gel du programme contre le sida PEPfAR, ont des conséquences directes sur l'épidémie de VIH/sida. Selon de nombreux chercheur·euses, dont la prix Nobel Françoise Barré-Sinoussi, et des dizaines d'ONG, qui ont alerté via une tribune le gouvernement américain en mars dernier, ces coupes budgétaires

« La suppression de 92 % des financements de l'USAID, l'agence étasunienne du développement, décidée en février 2025, le gel du programme contre le sida PEPfAR, ont des conséquences directes sur l'épidémie de VIH/sida. »

pourraient provoquer la mort de six millions de personnes dans les quatre prochaines années. La fin de l'épidémie est-elle possible ? En examinant ces chiffres, derrière lesquels ce sont des femmes, des hommes et des enfants que l'on laisse mourir, j'ai bien peur que la réponse soit non.

Mais il n'y a pas que les États-Unis qui coupent dans les budgets. Le Royaume-Uni, les Pays-Bas, la Belgique ont annoncé une baisse de l'aide au développement. La France n'est pas en reste, avec une diminution de 37 % de son budget consacré au développement. Cette aide n'est certes jamais totalement désintéressée. Mais ces réductions montrent une chose : l'égoïsme des pays riches triomphe.

Pourtant, la lutte contre le sida demeure une priorité pour les Français·es, si l'on en croit ce sondage : 85 % des Français·es considèrent aujourd'hui la lutte contre le VIH/sida comme une priorité mondiale de santé publique, tandis qu'un tiers (33 %) en est même « *tout à fait* » convaincu[1].

En France, après des années de baisse continue, les découvertes de séropositivité augmentent, en particulier chez les personnes nées à l'étranger (surtout chez les femmes cis hétéros et chez les HSH). La situation actuelle est difficile à plus d'un titre. Dans le domaine de la prévention, il y a encore un trop grand retard au diagnostic. Globalement, seulement la moitié des personnes infectées sont diagnostiquées dans l'année qui suit leur infection, un quart entre deux ans et près de cinq ans et 25 % au-delà. Cela signifie une perte de chance pour les personnes elles-mêmes, bien sûr, mais cela aggrave aussi la dynamique de la transmission. C'est pourquoi il faut renforcer les messages sur le test régulier auprès des populations clés et multiplier les actions de dépistage en aller-vers, qui sont très efficaces, comme le montre l'étude[2] qu'a réalisée France Lert, la présidente d'honneur de Vers Paris sans sida.

Un autre aspect mérite toute notre attention : celui de la vie des personnes séropositives. Celles-ci vieillissent et une récente étude[3] réalisée par les Actupiennes montre entre autres une grande précarité des PVVIH. Imaginer un monde sans sida, ce n'est pas faire table rase du passé, c'est au contraire continuer à se soucier des PVVIH et lutter pour leurs droits, leurs conditions de vie, leur santé, leur dignité.

Le recul des droits et des politiques mises en place fragilisent certaines populations. Le gouvernement actuel multiplie les annonces qui vont à l'encontre de la santé publique. En voulant restreindre voire supprimer l'accès à l'AME (qui, rappelons-le, représente 1 % des dépenses de santé), il met en danger la vie des personnes qui se retrouvent éloignées du soin et de la prévention. En pointant du doigt les étrangers vivant en France (précisions « certains » étrangers, avec une certaine couleur de peau et/ou religion), le gouvernement met à mal les actions des associations qui agissent en ayant comme boussole le respect et la dignité des personnes, dans la globalité de leurs parcours de vie et quelles que soient leurs origines et leurs orientations sexuelles.

Au Sénat, l'adoption d'une proposition de loi contre les droits des personnes trans fait planer la menace d'un recul sans précédent de droits chèrement acquis.

Les travailleurs et travailleuses du sexe continuent de payer le prix fort de la loi de 2016. En 1993, lorsque j'ai publié *Les Combattants du sida*, cet essai constitué de témoignages s'ouvrait sur l'annonce de ma mort annoncée. Il n'y avait alors pas de traitement efficace et presque

«

Vivre avec le VIH, c'est aussi pouvoir résister, ne pas se résigner, c'est lutter quand on le peut contre le racisme, le sexisme, les LGBTphobies, toutes les discriminations qui alimentent l'épidémie.

»

chaque réunion hebdomadaire d'Act Up-Paris, où j'ai commencé à militer en 1991, commençait par l'annonce d'un ou plusieurs décès. Trente-deux ans plus tard, je suis toujours en vie, quand tant d'autres sont décédé·es. Avec cette chance immense de pouvoir agir.

Face à ces défis, nous ne baissons pas les bras. Avec la merveilleuse équipe de Vers Paris sans sida, avec les associations communautaires sur le terrain, tous nos allié·es, médecins chercheurs, élu.es, le secteur privé, nous mettons toute notre énergie pour que 2030 rime réellement avec la fin de l'épidémie. Des résultats positifs ont été obtenus. De 2014 à 2023, les nouveaux diagnostics ont baissé de 33 % à Paris et de 10 % en Seine-Saint-Denis ; le nombre de personnes ayant initié la PrEP a été multiplié par 3,6 à Paris (depuis 2016) et par 4 en Seine-Saint-Denis. Autre chiffre important : + 25 % à Paris. Cela correspond à la hausse du nombre de tests réalisés chaque année, grâce à un renforcement significatif du dépistage communautaire d'une part, et à la généralisation du dépistage sans avance de frais, sans rendez-vous et sans ordonnance, dans tous les laboratoires de ville d'autre part. VIHTEST, expérimenté initialement par Paris et les Alpes-Maritimes, est désormais étendu à toute la France et, pour les moins de 26 ans, à toutes les infections sexuellement transmissibles. En Seine-Saint-Denis, mais en laboratoire de ville uniquement, la hausse de l'activité de dépistage est de 60 %.

La fin de l'épidémie… Quelle victoire ce serait ! Quelle revanche sur les échecs ! Et quelle meilleure façon de rendre hommage aux mort.es du sida ?

Oui, la vie prend le dessus sur le VIH, c'était le thème de la campagne de Vers Paris sans sida en 2023. Mais vivre avec le VIH, c'est aussi pouvoir résister, ne pas se résigner, c'est lutter quand on le peut contre le racisme, le sexisme, les LGBTphobies, toutes les discriminations qui alimentent l'épidémie. On n'y mettra pas fin si on montre du doigt ou que l'on brutalise certaines populations. Vivre avec le VIH, ce n'est pas seulement se battre pour sa santé et pour ses droits : c'est aussi se soucier des autres.

« **Il faut renforcer les messages sur le test régulier auprès des populations clés et multiplier les actions de dépistage en aller-vers** »

1. https://www.coalitionplus.org/2025/04/07/communique-de-presse-enquete-dopinion-sur-le-financement-de-la-sante-mondiale-et-de-la-lutte-contre-le-vih/
2. « Le dépistage communautaire hors les murs à Paris et en Seine-Saint-Denis », par France Lert, Vers Paris sans sida, printemps 2025
3. Rapport final de l'étude sur le vieillissement des personnes vivant avec le VIH https://lesactupiennes.fr/rapport-final-de-le-tude-sur-le-vieillissement-des-personnes-vivant-avec-le-vih%ef%bf%bc

JEAN-MICHEL MOLINA

Infectiologue

« La lutte contre le VIH nécessite une prise de conscience collective

Professeur et infectiologue, chef du service des maladies infectieuses et tropicales à l'hôpital Saint-Louis à Paris, il est reconnu pour ses travaux pionniers dans la prévention du VIH, notamment à travers la mise en place de la première consultation de PrEP en France en 2015. Il a coordonné l'étude ANRS Prévenir, qui a démontré l'efficacité de la PrEP dans la réduction des nouvelles infections par le VIH. Lauréat du prix de l'Académie nationale de médecine en 2019, il est une figure centrale dans l'évolution des stratégies de prévention du VIH en France.

« Il est essentiel que la France, qui a été l'une des pionnières de la lutte contre le VIH/sida, porte une voix forte au niveau international pour remobiliser autour de la cause. »

L'objectif d'atteindre « zéro contamination d'ici 2030 » en France va nécessiter une remobilisation de tous les acteurs, qu'il s'agisse des chercheurs, des soignants, des associations, des élus et des personnes concernées, ce d'autant que l'on constate un retrait des États-Unis de l'aide internationale et du financement de la recherche, à une période où le VIH ne semble plus être une priorité.

Pourtant, l'épidémie est loin d'être contrôlée avec, selon les dernières données de l'ONUSIDA et de l'OMS, encore 1,3 million de personnes nouvellement diagnostiquées en 2023. Plus préoccupant, on constate une augmentation très importante du nombre de nouveaux diagnostics par rapport à 2010, qui ont plus que doublé dans certaines régions comme l'Europe de l'Est ou l'Afrique du Nord, qui sont évidemment très proches de la France.

Par ailleurs, les gains obtenus en termes de réduction de la mortalité l'ont été grâce à une large distribution d'antirétroviraux dans le monde, et notamment dans les pays à ressources limitées. Ces antirétroviraux ont été financés par le Fonds mondial, mais aussi en grande partie par les programmes américains comme le PEPfAR et l'USAID, qui ont été interrompus ces derniers mois.

Il est donc essentiel que la France, qui a été l'une des pionnières de la lutte contre le VIH/sida, porte une voix forte au niveau international pour remobiliser autour de la cause. En effet, nous savons combien aujourd'hui les épidémies ne peuvent être maîtrisées que si une collaboration globale et internationale est mise en place.

En ce qui concerne plus particulièrement la France, les efforts financiers consentis ces dernières années doivent être maintenus, voire renforcés si cela est possible, pour parvenir à endiguer cette épidémie alors que le nombre de nouveaux diagnostics stagne, ces dix dernières années, à environ 5 à 6 000 nouveaux diagnostics/an.

Pour cela, il est important de renforcer les piliers de la lutte contre le VIH que représentent le dépistage, le traitement précoce et continu ainsi que la prévention. Le dépistage doit être renforcé, en particulier auprès des populations les plus concernées, en favorisant les stratégies « d'aller-vers » pour pouvoir toucher au plus près du terrain les personnes qui pourraient en bénéficier.

Les dépistages doivent être couplés au traitement rapide des personnes diagnostiquées séropositives, de façon à leur permettre de contrôler très vite cette infection et empêcher la transmission du virus aux partenaires sexuels — dans la mesure où une infection bien contrôlée sous traitement permet d'éviter toute transmission aux partenaires.

Enfin, le troisième pilier est celui de la prévention, avec le renfort de l'utilisation des outils disponibles, qu'il s'agisse des préservatifs ou de la PrEP. En ce qui concerne la PrEP, des modalités à longue durée d'action à base d'antirétroviraux injectables devraient intéresser des populations jusqu'à présent réticentes à la prise de traitements oraux ou qui avaient des difficultés avec la prise d'un traitement journalier.

C'est, en effet, au sein de la population des hommes ayant des rapports sexuels avec des hommes nés en France — qui ont, depuis 2016, largement utilisé la PrEP avec plus de 100 000 utilisateurs -, que l'on constate, sur ces dix dernières années, la diminution la plus forte de 36 %, du nombre de nouveaux diagnostics.
En revanche, on observe dans les autres populations — notamment celles nées à l'étranger, qu'il s'agisse des hommes ayant des rapports sexuels avec des hommes, des femmes ou des hommes hétérosexuels- une augmentation préoccupante du nombre de nouveaux diagnostics, et ce d'autant qu'une moitié de ces personnes se contaminent sur le territoire français. Cela nécessite de renforcer l'axe d'information et de la communication, insuffisantes auprès de ces populations qui ne connaissent pas l'existence de ces outils ou la manière d'y accéder. Des communications plus larges doivent être réalisées avec des partenariats publics/privés permettant, s'il est possible de modifier la loi, aux industriels du médicament de participer à des campagnes d'information sur le VIH et sur les autres maladies sexuellement transmissibles.

Par ailleurs, il est bien entendu essentiel de maintenir les investissements dans le domaine du VIH/sida, qu'il s'agisse de soutenir le réseau associatif qui joue un rôle clé dans l'accompagnement des personnes infectées par le VIH. Ces financements sont également nécessaires pour permettre aux personnes vivant avec le VIH d'avoir accès aux innovations thérapeutiques. Il est enfin essentiel de continuer à financer la recherche car, pour vaincre définitivement cette épidémie, il faut continuer à investir dans le développement de vaccins et, de la même façon, investir dans le domaine de la rémission voire de la guérison du VIH pour espérer un jour que les personnes infectées par le VIH n'aient plus besoin de traitement.

Enfin, un dernier point est celui, et non des moindres, d'une lutte continue et nécessaire contre la stigmatisation et la discrimination des personnes infectées par le VIH ou à risque de contamination par le VIH qui, là encore, nécessite une prise de conscience collective et un effort des pouvoirs publics pour pouvoir envisager l'élimination de l'épidémie en France dans les prochaines années.

« Le dépistage doit être renforcé, en particulier auprès des populations les plus concernées. »

ÉLISABETH MORENO

Femme politique et cheffe d'entreprise

« Vivre avec le VIH, c'est possible : dignement, pleinement, lucidement

Élisabeth Moreno est une femme politique et cheffe d'entreprise, ancienne ministre déléguée chargée de l'Égalité entre les femmes et les hommes, de la Diversité et de l'Égalité des chances au sein du gouvernement français. Née au Cap-Vert, arrivée en France à l'adolescence, elle incarne un parcours de résilience et de réussite, entre responsabilités économiques et engagement institutionnel. Durant son mandat ministériel, elle a porté des politiques publiques en faveur de l'inclusion, de la lutte contre les discriminations et de la protection des personnes vulnérables. Son action s'inscrit dans une vision globale des droits humains, incluant l'accès équitable à la santé, la lutte contre les inégalités sociales et les stigmatisations, en particulier celles qui touchent les personnes vivant avec le VIH.

« **Une société qui protège les plus vulnérables est une société plus stable, plus solidaire, plus juste. Lutter contre les discriminations envers les personnes vivant avec le VIH, c'est faire grandir notre humanité.** »

Il y a quelques décennies, vivre avec le VIH était une condamnation. Aujourd'hui, grâce aux progrès scientifiques, c'est une condition chronique avec laquelle on peut vivre, aimer, travailler, construire. Pourtant, trop souvent encore, ce ne sont pas les médicaments qui manquent : ce sont les droits. Le respect. L'égalité des chances.

Vivre avec le VIH n'est pas seulement une affaire de santé — c'est une affaire de dignité. Cette dignité passe par l'accès à tout ce qui fait une vie normale : un emploi, un logement, un crédit, une assurance, une protection sociale sans suspicion ni stigmatisation. Des projets de vie possibles.

Aujourd'hui encore, en France, certaines personnes porteuses du VIH doivent cacher leur statut pour éviter d'être discriminées. Elles se voient refuser un prêt, un poste, une opportunité non pas à cause de leur état de santé, mais à cause de la peur, des idées reçues, de la méconnaissance. Cette réalité est inacceptable. Mais elle n'est pas une fatalité. Nous avons le pouvoir — collectivement — de faire reculer ces injustices. De les effacer. En le faisant, nous ne réparons pas seulement une inégalité : nous améliorons toute notre société.

Une société inclusive est une société plus forte. Une société qui protège les plus vulnérables est une société plus stable, plus solidaire, plus juste. Lutter contre les discriminations envers les personnes vivant avec le VIH, c'est faire grandir notre humanité.

En tant qu'ancienne ministre en charge de l'Égalité, j'ai vu de mes yeux combien les discriminations liées au VIH sont encore sournoises, silencieuses, parfois même institutionnalisées. J'ai entendu des témoignages bouleversants. J'ai rencontré des femmes et des hommes qui ne demandaient pas la pitié, mais la justice ; pas une faveur, mais l'égalité. Et, surtout, j'ai été convaincue d'une chose essentielle : aimer ne tue pas. Ce qui tue, c'est l'ignorance, le rejet, la stigmatisation.

En France, en 2025, nous ne pouvons plus accepter que l'amour soit encore une cause de souffrance ou de mort, qu'elle soit physique ou sociale. Cette lutte fait écho à tant d'autres. Car quand on combat les stéréotypes sexistes, racistes, validistes ou homophobes, on combat aussi les racines de la stigmatisation autour du

VIH. Le combat est le même : celui de l'émancipation et du respect inconditionnel de chaque être humain.

Ce que je veux dire à ceux qui vivent avec le VIH, c'est qu'ils ne sont pas seuls. Leur place dans la société ne se négocie pas, elle est pleine et entière. Ce que je veux dire aux décideurs, c'est que la politique doit être un outil de réparation, d'inclusion et de transformation. Aucune loi, aucune norme, aucun contrat ne devrait encore aujourd'hui pénaliser une personne à cause de son statut sérologique.

« Aucune loi, aucune norme, aucun contrat ne devrait encore aujourd'hui pénaliser une personne à cause de son statut sérologique. »

Nous avons des outils. Nous avons des preuves. Il ne nous manque que l'audace de faire mieux. Alors, oui, nous avons des raisons d'espérer. Parce que des associations comme ELCS sont là depuis trente ans, fidèlement, courageusement. Parce que les progrès médicaux existent. Parce que les jeunes osent en parler avec moins de tabous. Parce que nous savons, maintenant, que vivre avec le VIH, ce n'est plus être défini par le virus. C'est être une personne, avec des droits, des rêves et une vie à mener.

À nous, responsables publics, citoyens, entreprises, institutions financières, d'ouvrir les portes. De former, d'informer, de garantir l'égalité d'accès aux ressources, sans discrimination. D'inventer un monde où le VIH ne sera plus un obstacle à la réalisation de soi.
Ce n'est pas seulement un combat sanitaire ou militant.

C'est un choix de société.
Ce choix, nous devons le faire.
Avec lucidité.
Avec courage.
Avec responsabilité.

LINE RENAUD

Artiste

« La lutte contre le sida est devenue le combat de ma vie

Line Renaud est une artiste aux multiples talents, connue pour sa carrière de chanteuse, comédienne et meneuse de revue. Dès les années 80, elle utilise sa notoriété pour sensibiliser l'opinion publique à une maladie alors peu comprise et fortement stigmatisée. En 1994, elle participe à la création de l'association Sidaction, dont elle est vice-présidente. À ce titre, elle contribue activement à la collecte de fonds pour la recherche, la prévention et l'aide aux personnes vivant avec le VIH. Son engagement s'inscrit dans la durée et s'appuie sur des actions de sensibilisation, de mobilisation et de soutien aux initiatives associatives. Elle a ainsi joué un rôle important dans la mise en lumière des enjeux liés à l'épidémie auprès du grand public et des décideurs. Ce parcours fait d'elle une personnalité associée, de manière constante, aux efforts déployés en France dans la lutte contre le VIH/sida.

Comment aurais-je pu imaginer que la lutte contre le sida marquerait une si grande partie de ma vie ? Comment aurais-je pu songer que quarante ans après avoir créé l'Association des artistes contre le sida, je serais encore au rendez-vous de ce combat ? Non, c'était impensable…

La lutte contre le sida est devenue le combat de ma vie parce qu'il s'agit de défendre la vie, l'amour, la dignité. Et parce que ce maudit virus m'a arraché des êtres si chers. Le sida m'a bouleversée, mise en colère, mais il ne m'a pas laissée sans voix. Cette voix, la mienne, que j'ai mise au service des victimes et des scientifiques. Je me suis au passage découvert des forces que je ne soupçonnais pas : il y avait urgence, il fallait se battre à tout prix, sans compter ses efforts. Quand la maison brûle, on fonce sans même réfléchir, on cherche à éteindre l'incendie !

Je me souviens qu'au tout début, on peinait même à prononcer le mot sida. Une « maladie honteuse », selon certains, un « châtiment divin » selon les autres. C'est la seule fois de ma vie où j'ai reçu des lettres d'insultes. On me disait de les laisser mourir, qu'ils ne l'avaient pas volé, après tout. C'était atroce.
On osait à peine murmurer les noms des malades. On les fuyait, on les enterrait en silence. Ce mépris était insoutenable. Ma notoriété s'est révélée utile, j'ai pu mettre en lumière cette injustice, organiser la révolte.

Après que mon amie Liz Taylor s'était engagée aux États-Unis, à mon tour j'ai mobilisé les artistes français. Je devais partager ce que j'avais vu outre-Atlantique. C'est ainsi que j'ai créé, en 1985, l'Association des artistes contre le sida. Neuf ans plus tard, avec Pierre Bergé, mon frère d'armes, nous fondions l'association

« Je me sens une grande responsabilité face à la jeune génération. C'est à nous de lui laisser un monde sans sida ! Je veux dire aux jeunes que la solidarité, l'amour, l'humanité et l'engagement ne sont pas des mots désuets, mais bien des exigences pour demain. »

Sidaction. Le 7 avril 1994, sur toutes les chaînes françaises, se tenait le premier Sidaction. Sept heures de direct ! Le lendemain, plus personne en France ne pouvait ignorer la réalité du sida ! Enfin !

Alors que paraît ce livre-anniversaire d'Élus Locaux contre le Sida, j'ai, bien sûr, une pensée particulière pour mon ami Jean-Luc Romero-Michel... J'ai été l'une des premières personnes à qui, en 1987, il a révélé sa séropositivité, quelques instants après l'avoir apprise de son médecin. Qu'il soit parmi nous aujourd'hui, trente-huit ans plus tard, quel bonheur ! C'était impensable à l'époque. Et quelle joie, aussi, de pouvoir fêter avec lui les trente ans de l'association Élus Locaux contre le Sida qu'il a lui-même créée.

En tant que vice-présidente de Sidaction, j'ai vu la lutte évoluer, la recherche progresser, les traitements s'alléger considérablement. En France, aujourd'hui, on vit mieux avec le virus. Mais, malheureusement, j'observe aussi un certain relâchement, comme si le virus ne représentait plus aucun danger. Rien de plus faux ! Le sida n'appartient pas au passé, il sévit toujours et nous ne disposons d'aucun vaccin. Nous faisons continuellement face à l'ignorance, au rejet, à la honte, à la sérophobie. Il faut sans cesse expliquer et témoigner.

« Le sida n'appartient pas au passé, il sévit toujours et nous ne disposons d'aucun vaccin. »

Je le dis et le répète : jusqu'à mon dernier souffle, je serai au rendez-vous de ce combat. La fin du sida ne devra rien à un miracle, elle viendra de nous, de notre détermination, de notre engagement, de notre solidarité. Nous avons tous un rôle à jouer. Et il ne suffit pas que nous disposions de traitements, encore faut-il que chacun dans le monde puisse y accéder. Il existe des outils formidables tels que la PrEP, les autotests ou le TasP, mais combien de jeunes les connaissent ? Combien osent les évoquer ? Se renseigner ? Bien trop peu.

Alors je continue de prendre la parole, d'avertir et de transmettre. Je me sens une grande responsabilité face à la jeune génération. C'est à nous de lui laisser un monde sans sida ! Je veux dire aux jeunes que la solidarité, l'amour, l'humanité et l'engagement ne sont pas des mots désuets, mais bien des exigences pour demain.

Je rêve d'une France sans sida, et ce n'est pas faire preuve de naïveté. C'est au contraire embrasser l'espoir. Au fil de ces quatre décennies, j'ai vu naître de l'engagement tant de progrès majeurs. Unis, nous pouvons contribuer à ce que les préjugés tombent.

Il faudra encore du temps et bien du courage, mais j'ai confiance. Nous y arriverons. Je crois en la force des associations, des militants et des chercheurs pour mettre un point final à ce terrible chapitre de notre histoire. Le jour de la victoire, nous nous souviendrons de ceux qui ont lutté, de ceux qui sont tombés. Jusqu'au bout de mon chemin, je me tiendrai debout avec vous.

ANNE ROUMANOFF

Humoriste

« Se souvenir de tous ceux qui sont tombés

Anne Roumanoff est une humoriste, comédienne et auteure française reconnue, dont la carrière s'étend sur plus de trois décennies. Connue pour son regard vif sur la société, elle mêle humour et engagement à travers ses spectacles, ses chroniques dans les médias et ses prises de position publiques. Elle soutient régulièrement des causes de santé publique et de solidarité, notamment à travers des campagnes de sensibilisation, des actions caritatives ou des participations à des événements associatifs. En tant que marraine du Secours populaire et fondatrice de l'association Solidarité avec les soignants depuis la pandémie de Covid, elle est une figure populaire et respectée qui apporte sa voix à des sujets sociétaux importants, dont la lutte contre les préjugés liés à la maladie.

« Tous ces mots des années 80 : Palace, Banana Café, séropo, *j'ai été plombé*, tomber comme des mouches, le Mathis, les backrooms, capote, le Marais, le VIH, le Sidaction. »

Il s'appelait Laurent, il venait d'Avignon. Il était régisseur au Point-Virgule, puis il a fait mes premières tournées. Je me souviens qu'il portait souvent un tee-shirt blanc, il avait une coupe en brosse et des yeux marron pétillants.

Je ne sais plus trop comment il m'a fait comprendre ce qui lui arrivait. Il n'a pas dit le mot. On ne disait pas le mot. Un matin, il a appelé sa mère et il lui a annoncé en même temps qu'il était homosexuel et qu'il était malade.
Elle a crié.

J'ai été le voir dans un hôpital à Paris, je ne sais plus lequel. C'était au service des maladies infectieuses. Laurent était confiant. Ça n'était pas triste comme visite. On a même ri ! Je crois que je lui avais apporté des macarons et que je les ai presque tous mangés parce que j'étais angoissée et que lui n'avait pas très faim.

Puis Laurent s'est fait hospitaliser à Avignon, près de sa famille. Il n'y avait pas encore de téléphone portable dans les années 80. Je l'ai appelé depuis mon téléphone fixe. Il avait peur, il avait une petite voix un peu étranglée. Je lui ai dit que c'était comme s'il allait s'envoler. Il a répondu « *oui* » et il a soupiré. C'est la dernière fois que je lui ai parlé. Laurent avait 28 ans. Il y avait du soleil à son enterrement.

Longtemps, quand sa mère m'attendait à la fin de mes spectacles, on avait toutes les deux les larmes aux yeux simplement en nous regardant. Je disais : « *Vous lui ressemblez* ». Elle répondait : « *Je sais* ».

Il y a eu pas mal d'enterrements dans ces années-là. Christian, qui dirigeait le Point-Virgule — la cérémonie a eu lieu un matin dans une église du Marais, à côté des Blancs Manteaux. Il faisait beau, il y avait plein de comiques qui pleuraient. Et aussi Jacques, mon premier attaché de presse, grand dandy blond et élégant. Il m'avait expliqué qu'il ne pourrait plus s'occuper de moi parce qu'il avait des petits soucis de santé. Je n'ai pas posé de questions. Il y a eu un moment où ne posait plus de questions, parce qu'on avait trop peur de la réponse. Jacques est parti à 48 ans, en 1994. Tous ces mots des années 80 : Palace, Banana Café, séropo, *j'ai été plombé*, tomber comme des mouches, le Mathis, les backrooms, capote, le Marais, le VIH, le Sidaction. Tout ça. L'insouciance joyeuse, la fête jusqu'au bout de la nuit qui se termine dans un cercueil en bois porté par des amis aux yeux rougis.

Trente ans plus tard, tout a changé. Trithérapie, *faut que je prenne mes médicaments*, statut sérologique, *tu as fait un test ?*, le petit ruban rouge, *j'en peux plus de tous ces médicaments.*

Se souvenir de tous ceux qui sont tombés. Faire de la prévention, aider, comprendre, écouter, soutenir, espérer — et se battre, toujours.

ALEXANDRE SCHON

Président de l'Inter-LGBT

« Le VIH ne frappe jamais au hasard

Enseignant et docteur en géographie des télécommunications et de l'innovation européenne, Alexandre Schon est président de l'Inter-LGBT et engagé dans les domaines de la santé publique, des droits LGBTQI+ et de la lutte contre le VIH/sida. À travers son rôle au sein de l'Inter-LGBT, il participe à la défense des droits des personnes LGBTQI+ et à la promotion d'une approche inclusive des politiques de santé. Il est impliqué dans des actions de sensibilisation, de prévention et de réduction des risques, en particulier auprès des populations les plus exposées au VIH. Son engagement vise à améliorer l'accès à l'information, au dépistage et aux soins, tout en combattant la stigmatisation liée au VIH et à l'orientation sexuelle.

« *Si je meurs du sida, n'ayez pas peur de dire que j'ai été tué.* » C'est avec ce type de phrase que certain·es de nos frères, de nos sœurs, de nos adelphes disparu·es témoignaient de leur fin de vie dans les années 80. Mais tué par qui, par quoi ? Par un système, par une indifférence, par un État qui a enfin posé des mots sur l'épidémie avec François Mitterrand en 1987. Parce que cultiver le souvenir de nos mort·es du VIH/sida est une nécessité, la mémoire est aujourd'hui un acte politique, une construction communautaire collective.

Hier comme aujourd'hui, le sida est en réalité une analyse de la hiérarchie des vies. Le mensonge des institutions sur le VIH/sida avant 1987 n'a pas seulement tué — il a reconfiguré nos communautés LGBTI+ autour de la perte. Cette perte, nous la refusons, et nous la transformons au contraire en lien, en lutte et en mémoire collective. Notre mémoire n'est pas nostalgie, elle est un refus de l'oubli et une promesse : nous ne voulons pas être absorbé·es dans un récit national jadis aseptisé. Nous portons une mémoire en rupture, peuplée de nos adelphes partis, de nos adelphes radicaux, seniors, trans, travailleur·euses du sexe, racisé·es, sans papiers, précaires et marginalisé·es. Qu'a fait l'État durant toutes ces années d'épidémie ? Il a normalisé, trié et oublié les mêmes publics au sein même de nos communautés. Nos mort·es les plus marginalisé·es furent toujours les plus effacé·es. Ainsi, l'histoire n'est pas derrière nous. Elle est cyclique. Il est de notre responsabilité de la libérer, pour mettre en exergue le caractère systémique de ce mépris institutionnel.

Mais comment penser le VIH/sida sans une politique radicale de santé communautaire ? Le VIH ne frappe jamais au hasard. Il suit les lignes de faille de notre société. Il prospère là où l'État se retire. Il tue là où l'on refuse de soigner, d'écouter, d'agir. Je parle de toutes ces « marges » qu'on ne veut pas regarder. Celles qu'on nomme à voix basse : de banlieues comme Clichy-sous-Bois, Saint-Denis, Mantes-la-Jolie, Grigny, Marseille Nord ou Vaulx-en-Velin, aux régions ultra-périphériques comme la Guyane et Mayotte. Des espaces souvent caricaturés, jamais représentés. Pourtant, ils incarnent la France dans toute sa complexité : jeune, vivante, inventive, riche de ses multiculturalités, mais appauvrie par des décennies de mépris étatique et de violences sociales. Cette richesse ne peut plus être réduite à des logiques verticales et homogènes de santé publique. Une même campagne ne fonctionne pas pour un jeune Malien de 17 ans, une femme trans travailleuse du sexe, ou une mère haïtienne vivant avec le VIH. Il n'y a pas de solution unique, il y a des communautés à écouter. Les institutions sanitaires échouent parfois car elles refusent de déléguer. Elles refusent de reconnaître que les premières expert·es du terrain sont celles et ceux qui y vivent. Il n'y a pas de santé sans confiance, et pas de confiance sans respect. « Aller vers » les personnes concernées, le chemin y est plus simple et moins long quand les expert·es du terrain eux-mêmes « vont vers » ces populations. Mais encore faut-il soutenir leur démarche ensemble.

Alors, dans *L'espoir d'une France sans sida*, une politique radicale de santé communautaire doit être construite. Une politique qui forme et finance les associations locales, soutient les pairs éducateur·ices, offre des espaces de soin *safe*, gratuits et inclusifs, remet du pouvoir décisionnel aux mains des communautés premières concernées. La pauvreté et la multiculturalité ne peuvent devenir un anathème sanitaire, et nous ne pourrons laisser prospérer l'épidémie en silence à quelques stations de métro des hôpitaux parisiens. Trop de personnes dépistées trop tard. Trop de jeunes sans accès au suivi.

Trop de femmes enceintes contaminées. Trop de personnes trans ou sans papiers rayées des structures médicales. Cela n'est pas un oubli. C'est une politique. Mais nous ne sommes pas sans armes. Chaque maraude, chaque test rapide, chaque conversation dans une cage d'escalier ou un banc public constitue un acte de résistance. Car la santé n'est pas seulement un droit : elle est une dignité que nous construisons ensemble, là où parfois l'État échoue et se questionne.

Dans cette longue lignée, le chemsex constitue l'un des héritiers du VIH/sida : une nouvelle épidémie dont certains acteurs ne veulent voir le visage. Nos communautés HSH en meurent dans le silence, tandis que les lois répressives se multiplient et que nos morts s'accumulent dans une indifférence générale. Ce n'est pas la drogue qui tue : c'est la stigmatisation, l'isolement et la peur d'en parler. La dépénalisation immédiate de l'usage de drogues, pour permettre aux usagers de parler librement, pour être pris en charge sans peur ni honte, est une nécessité. Assez de répression, assez d'intimidation, assez de prisons ! Les soins, la prévention et l'écoute constituent une des clés. Rediriger les moyens de la répression vers la réduction des risques, le sevrage et la santé mentale sont une nécessité. Comme auparavant avec le VIH/sida qui nous a montré la voie, une politique de santé communautaire s'impose : l'« aller-vers », partout, dans les applis, les backrooms, les squats, et les lieux de vie. Avec les usagers, et non contre eux. Le chemsex n'est pas simplement une pratique addictive : c'est un cri étouffé, celui d'une communauté marquée par le rejet, la honte, la solitude. L'heure est à reconnaître que les violences systémiques, LGBTIphobes, psychophobes, racistes et classistes alimentent ces pratiques à risques. Nous ne pouvons plus accepter d'enterrer à nouveau nos adelphes dans le silence.

Les victimes du VIH/sida, des pratiques addictives de chemsex et l'isolement des LGBTI+ ne sont pas des dérives individuelles, elles sont la preuve de dysfonctionnements systémiques permettant à l'épidémie globale de continuer sous différentes formes.

Face à ces constats depuis vingt-cinq ans d'existence, l'Inter-LGBT est, et sera toujours, en résistance.

« Le VIH ne frappe jamais au hasard. Il suit les lignes de faille de notre société. Il prospère là où l'État se retire. Il tue là où l'on refuse de soigner, d'écouter, d'agir. »

SHEILA

Chanteuse, présidente d'honneur d'Élus Locaux Contre le Sida

« Un jour, ce virus ne sera plus qu'un souvenir

Connue depuis les années 60 et son large répertoire de chansons populaires, Sheila est une artiste emblématique de la scène musicale française. Au-delà de sa carrière artistique, Sheila est également une femme de conviction. Présidente d'honneur de l'association Élus Locaux Contre le Sida depuis de nombreuses années, elle incarne un engagement sincère et durable dans la lutte contre le VIH/sida. Son implication fidèle témoigne de sa volonté de sensibiliser, de mobiliser et de défendre les personnes touchées, en particulier les plus vulnérables.

Il y a des engagements qui vous suivent toute une vie. Celui contre le VIH/sida fait partie de moi, de ma vie personnelle et artistique.

Voilà trente ans qu'ELCS existe. Trente ans — 3.0 — que je marche à leurs côtés avec mon ami fidèle, Jean-Luc Romero-Michel. On a vécu tellement de moments forts ensemble, lui qui est encore le seul homme politique à avoir dit vivre avec le VIH.

On a ri, on a pleuré, parlé, crié parfois. Mais on n'a jamais lâché. Parce qu'il y a des causes pour lesquelles on se doit d'être là. Présents, tout simplement.

Je repense à toutes ces années de terrain, et me souviens notamment d'une tournée de prévention avec Jean-Luc, au tout début d'ELCS. On prenait le train pour aller à une réunion dans une ville de province — je ne sais plus laquelle, on en a tellement fait. Et dans le train, Jean-Luc, gentleman comme toujours, portait mon sac. Le mien était plus lourd, évidemment. Et voilà qu'un fan, m'ayant reconnue à la gare, pense que le sac est à moi et le vole dans le train ! Sauf que c'était le sien. Résultat : plus de papiers, plus de téléphone... On aurait pu rentrer. Mais non. On a continué. On a assuré la réunion. Parce qu'on sait pourquoi on le fait.

« Il y a des messages qui ne vieillissent pas. Protégez-vous, respectez-vous, aimez-vous mieux. »

J'ai vu l'évolution de cette lutte. Les débuts ont été durs. Très violents. Le silence, la peur, le rejet. Tant de gens qu'on a perdus. Des artistes, des amis chers. Le sida, à l'époque, c'était un mot qu'on prononçait à peine. Une époque où, quand on apprenait qu'un proche était séropositif, c'était comme un coup de massue. On murmurait, on évitait, on jugeait. Il y avait tant d'ignorance, tant de refus. Et puis, petit à petit, la parole s'est libérée. Grâce à des gens courageux, à des soignants, à des militants, à des artistes. Moi, j'ai compris très tôt que mon nom devait servir à ça aussi : mettre ma notoriété au service de la parole. Dire les choses, simplement. Sans détour. Sans honte.

Aujourd'hui, nous avons fait énormément de chemin. Il y a des traitements. Des gens vivent avec le VIH et ont la même espérance de vie. Ils peuvent avoir des enfants. Créer une famille. Enfin !

C'est là qu'est le danger : rien n'est gagné. On baisse la garde. On croit que c'est terminé, rien n'est fini, le VIH est toujours là, il guette. Alors je me permets de le dire encore, comme je l'ai toujours dit avec mes mots : sortez couverts ! C'est vital. Ça peut paraître démodé de dire ça, mais il y a des messages qui ne vieillissent pas. Protégez-vous, respectez-vous, aimez-vous mieux.

Il y a la capote, bien sûr. Mais aussi la PrEP, les autotests, les dépistages gratuits. Tout ça existe, mais encore faut-il le savoir. Osons en parler, continuons à le répéter et c'est là que tout commence : dans la parole, la répétition, la transmission.

Je pense aussi aux jeunes. Ceux qui n'ont pas connu les années noires, pour eux tout ça semble loin. Il ne faut pas leur en vouloir, c'est à nous de raconter, de témoigner. C'est à nous de leur dire que ce combat est toujours le nôtre. Qu'ils sont les premiers concernés.

Et puis il y a la sérophobie. Ce rejet insidieux. Ce regard de travers, cette peur irrationnelle. Ça me met en colère. Parce qu'aimer ne devrait jamais être conditionné par un statut sérologique. Une personne vivant avec le VIH mérite le respect, la tendresse, la dignité. Ni plus, ni moins que n'importe qui. Chacun devrait savoir qu'en 2025, une personne séropositive, sous traitement, sans charge vitale détectable, ne peut plus infecter qui que ce soit !

« Chacun devrait savoir qu'en 2025, une personne séropositive, sous traitement, sans charge vitale détectable, ne peut plus infecter qui que ce soit ! »

Alors, oui, je suis là. Présente. Engagée. Toujours debout. Je ne suis ni médecin, ni scientifique. Mais j'ai une voix. Et tant qu'elle pourra porter, je la mettrai au service de cette cause. Parce que ce combat est aussi le mien. Parce qu'il fait partie de mon histoire. Parce qu'il m'a appris la force du collectif, la puissance du cœur, et l'importance de dire les choses sans détour.

Ce livre, c'est un bel hommage à trente ans de lutte. Il correspond comme un signe avec mes « 8.0 ». Ce livre est une promesse. Celle qu'on ne lâchera rien. Qu'on continuera. Ensemble. Et qu'un jour, ce virus ne sera plus qu'un souvenir. En 2030, je l'espère encore.

En attendant, on avance. Avec amour. Avec courage. Et avec vous.

VALÉRIE TRIERWEILER

Journaliste et autrice

« Tout le continent noir craint aujourd'hui une recrudescence du VIH

Journaliste et autrice, Valérie Trierweiler s'est impliquée dans plusieurs causes humanitaires et sociales, notamment dans la lutte contre le VIH/sida. En tant qu'ancienne compagne du président de la République, elle a mis à profit sa visibilité publique pour soutenir des initiatives de prévention et de solidarité. Elle a participé à plusieurs événements organisés par des associations engagées dans la lutte contre le VIH, dont Sidaction, et s'est exprimée publiquement pour encourager le dépistage et combattre les discriminations envers les personnes vivant avec le virus. Son engagement s'inscrit dans une démarche de sensibilisation du grand public et de soutien aux actions menées sur le terrain, en lien avec les acteurs de la société civile et les institutions de santé.

« En Afrique, le sida demeure la première cause de mortalité chez les femmes en âge de procréer. On ne peut que saluer l'initiative des Premières dames africaines qui prennent le problème à bras le corps. Elles ont besoin de notre aide, de notre soutien, plein et entier. »

Lorsque le VIH sera éradiqué de France, ce sera un soulagement, une victoire, un nouvel avenir pour notre pays. Mais nous ne pourrons nous réjouir que lorsque le virus aura disparu de la planète, et de l'Afrique en particulier. D'après l'ONUSIDA, près de 40 millions de personnes vivent avec le VIH dans le monde, dont 27 millions sur le continent noir. C'est donc là-bas, au sud de la Méditerranée que nous trouvons 70 % des cas. Là encore où la prévalence est la plus forte.

En octobre 2013, j'accompagnais François Hollande, président de la République, en Afrique du Sud, pour un voyage officiel. J'avais voulu en savoir davantage sur la circulation du virus. Comment pouvait-il y avoir encore autant de cas de transmission de la mère à l'enfant à Johannesburg et dans le reste du pays ? Comme lors de chaque déplacement officiel, je visitai un hôpital, la plupart du temps dédié aux enfants. Aux nombreux cas de paludisme s'ajoutaient des malades du sida — des petits corps décharnés et des regards désespérés.

Comment accepter que la population sud-africaine compte parmi la plus infectée au monde ? Comment supporter que le taux de contamination de la mère à l'enfant soit l'un des plus élevés au monde ?

Les femmes restent beaucoup plus touchées que les hommes : plus de 30 % d'entre elles vivent avec le VIH dans ce pays qui compte près de 65 millions d'habitants. Pour ces femmes, c'est la double peine, car la maladie provient généralement d'une contamination due à des violences sexuelles, ou à cause de soins de santé non respectueux des normes sanitaires.

C'est la double peine aussi pour les enfants qui, outre le fait qu'ils puissent être eux-mêmes contaminés, encourent le risque de se retrouver orphelins. Dans un enchaînement de malheur et de pauvreté, l'enfant jeté à la rue s'expose à la contamination du virus. Il y en a déjà tant. Les années 2000 ont décimé une génération.

Aujourd'hui, le pays compte 14 % de séropositifs. Triste record du monde. L'accès aux médicaments avait pourtant été encouragé au cours des années passées. 5, 5 millions de malades bénéficiaient jusqu'alors de traitements antiviraux. Mais ça, c'était avant le changement de président aux États-Unis. La décision de Donald Trump de supprimer toutes les aides étrangères ruine des années d'efforts pour endiguer le virus. Il s'agit d'une catastrophe qui s'abat sur l'Afrique du Sud en particulier, mais pas seulement : c'est tout le continent noir qui craint aujourd'hui une recrudescence du VIH.

Nous, Français, nous Européens, n'avons-nous pas là un devoir, une responsabilité ? Ne sommes-nous pas là confrontés à l'urgence humanitaire ? Voulons-nous revivre le cauchemar du début du XXIe siècle ?

Mi-juin, je me suis rendue en République démocratique du Congo, où sévit l'un des conflits les plus meurtriers au monde. D'après Amnesty International, 6 millions de personnes ont trouvé la mort dans cette interminable guérilla. Je suis allée dans les camps de réfugiés, à l'est du pays, dans le Sud-Kivu. C'est au Congo que l'on compte le plus de déplacés au monde.

Parlons des femmes. Des femmes qui subissent des viols utilisés comme arme de guerre. Des femmes qui risquent à tout moment une contamination. Pourtant, ce géant africain a su faire de remarquables progrès. Depuis un peu plus de quinze ans, le taux de contamination a sérieusement chuté (58 %) et le nombre de décès a baissé de 72 %. Mais le programme de dépistage et de suivi dépend en très grande partie de l'USAID, interrompue depuis l'élection du président américain. La recrudescence n'est pas à exclure. Les dizaines de milliers de personnes déplacées songent davantage à leurs conditions de survie qu'aux tests de dépistage. Ces tests sont avant tout réservés aux personnes jugées à risque. Qu'en est-il de ces femmes violées par milliers qui n'ont pas accès aux dispensaires ni aux traitements ?

Nous le disions précédemment, le continent africain n'est pas sorti d'affaire. Huit femmes sur dix ont accès aux traitements antiviraux pour empêcher la transmission à leur enfant. C'est encore trop peu. Toute future mère devrait bénéficier de ce sésame, toute future mère est en droit de donner naissance à un enfant sain. En Afrique subsaharienne, les femmes et les jeunes filles représentent 62 % des nouvelles contaminations. Ce sont 3100 nouveaux cas chaque semaine chez les filles âgées de moins de vingt-quatre ans.

Quand seront-elles à l'abri ?
Combien de temps les jeunes Africaines devront-elles encore risquer leur vie ?

Si de véritables progrès ont été enregistrés depuis le pic de 1995, les résultats stagnent depuis trois ans et risquent de régresser depuis le gel de l'USAID. Les Premières dames africaines ont uni leurs forces dans un programme intitulé « Naître libre pour briller ». Elles se sont engagées, à travers un plaidoyer, à influencer la politique de leur pays respectifs pour assurer aux femmes et aux filles une vie sans VIH. À prévenir la transmission verticale et à trouver les enfants et adolescents atteints du virus afin de leur assurer un traitement. La moitié d'entre eux ont accès aux antiviraux.

En Afrique, le sida demeure la première cause de mortalité chez les femmes en âge de procréer. On ne peut que saluer l'initiative des Premières dames africaines qui prennent le problème à bras le corps.

Elles ont besoin de notre aide, de notre soutien, plein et entier.

CATHERINE VAUTRIN

Ministre du Travail, de la Santé, des Solidarités et des Familles

« Le VIH ne touche pas que les autres

Ancienne ministre déléguée à la Cohésion sociale et à la Parité, aujourd'hui ministre du Travail, de la Santé, des Solidarités et des Familles, Catherine Vautrin a régulièrement soutenu les politiques publiques en faveur de la lutte contre le VIH/sida et pour l'égalité d'accès aux soins. Engagée de longue date sur les questions de santé publique, elle a accompagné, dès les années 2000, les efforts de prévention et d'accompagnement des personnes vivant avec le VIH, en lien avec les associations, les collectivités locales et les acteurs du soin. À travers ses fonctions ministérielles et parlementaires, elle a été attentive aux enjeux de lutte contre les discriminations, de réduction des risques et de reconnaissance des droits des personnes concernées.

« Il faut remettre le VIH au cœur de nos conversations. À l'école. En famille. Dans les lieux de santé. Dans les institutions. Il faut parler de sexualité, de prévention, de réduction des risques, de dépistage. »

J'ai vu surgir le sida et je n'ai jamais pu oublier ce moment de bascule. Une bascule intime, sociale, sanitaire, politique. Un point de rupture dans l'histoire du monde, et dans celle d'une génération.

Je me souviens de l'irruption brutale de l'épidémie. L'incompréhension d'abord : des corps qui déclinaient sans qu'on sache pourquoi, des hospitalisations en urgence, des visages marqués par la maigreur, des familles pétrifiées, et la sensation d'un mal mystérieux qui avançait dans le silence. Je me souviens des images, floues mais glaçantes, qui traversaient l'écran pour s'imposer dans les esprits, et de la peur qui s'installait.

Très vite, les rumeurs ont pris le dessus sur la raison. L'ignorance a trouvé un coupable. Le virus a été assigné à une communauté, réduit à un stigmate. Ce n'était plus une épidémie, c'était une exclusion. On jugeait avant d'accompagner, on condamnait avant de soigner. Ce n'était pas seulement un drame sanitaire, c'était une mise à l'écart sociale, injuste.

Un réponse s'est levée, du terrain. De celles et ceux qui ont refusé de détourner les yeux. Des médecins, des malades, des militants, des chercheurs, des artistes. Ensemble, ils ont construit une digue contre l'oubli, contre la honte, contre la solitude. Une digue de solidarité et de courage. C'est cette mobilisation qui a permis de changer des vies, de faire émerger des traitements et de redonner de l'espoir.

C'est là, dans ce combat, que j'ai mesuré l'engagement de Jean-Luc Romero-Michel.

Je veux, aujourd'hui, lui rendre hommage, avec la force tranquille de ses convictions. Jean-Luc, c'est une conscience. De toutes les luttes, de toutes les avancées, de toutes les veilles. On peut vivre avec le VIH, mais vivre avec le regard des autres, les non-dits, les préjugés reste ce qu'il y a de plus insupportable. Il m'a transmis cette conviction précieuse : que lutter contre le sida, c'est bien plus qu'une cause sanitaire, c'est un combat pour la dignité.

Aujourd'hui, comme ministre du Travail, de la Santé, des Solidarités et des Familles, je porte cette responsabilité. Oui, nous avons franchi des étapes majeures. La trithérapie a changé le visage de la maladie. Les préservatifs sont gratuits en pharmacie pour les moins de 26 ans. La PrEP permet désormais de prévenir l'infection. Le dépistage est rapide, anonyme et accessible. La science avance, et c'est une victoire. Mais la science ne suffit pas. Car les chiffres sont là : chaque année, en France, des milliers de personnes découvrent leur séropositivité. Trop tard, dans la solitude. Parce que le dépistage reste entouré de tabous. Parce que la peur du regard de l'autre subsiste. Parce que l'idée que cela puisse « nous concerner » reste un mur difficile à franchir. C'est faux : le VIH ne touche pas que « les autres ». Alors, il faut reparler. Remettre le VIH au cœur de nos conversations. À l'école. En famille. Dans les lieux de santé. Dans les institutions. Il faut parler de sexualité, de prévention, de réduction des risques, de dépistage. Il faut soutenir ceux qui, chaque jour, agissent : les associations, les soignants, les militants.

Il est temps d'ouvrir les yeux sur de nouvelles réalités, comme le chemsex — un phénomène encore trop peu compris, mal appréhendé, et donc insuffisamment pris en charge. Nous devons poursuivre nos efforts d'écoute et d'accompagnement pour proposer des réponses spécifiques et adaptées : une prévention ciblée, des lieux d'accueil, d'écoute et de soutien réellement ajustés aux besoins. L'ONU espère mettre fin à l'épidémie en 2030. C'est un objectif à notre portée, mais à une condition : que nous prenions, ensemble, nos responsabilités. Je veux croire que notre génération sera celle de la bascule. Celle qui aura mis fin au silence, remplacé la peur par la parole et le rejet par l'inclusion. Nous avons hérité d'un combat. À nous, désormais, de le mener jusqu'au bout.

« Je veux croire que notre génération sera celle de la bascule. Celle qui aura mis fin au silence, remplacé la peur par la parole et le rejet par l'inclusion. »

REGARDS CROISÉS SUR LE VIH

Entretien avec Willy Rozenbaum, médecin spécialiste des maladies infectieuses, et José-Luis Lopez Zaragoza, médecin de santé publique

dans la population. Et, surtout, ça faisait peur. L'histoire raconte que vous êtes un des premiers médecins engagés dans la lutte contre cette maladie. C'est grâce à vous qu'on a découvert et décrit les virus VIH...

W.R. :
En 1979, j'étais dans un service de médecine de maladies infectieuses et de médecine tropicale. J'avais une double spécialité : la néphrologie et les maladies infectieuses. Pour des raisons de poste, j'ai été obligé de partir. On m'a proposé un poste de chef de clinique à Claude-Bernard. En principe, j'y partais pour un an avant de revenir dans le service de néphrologie. Mais j'avais développé, grâce au chef de service de néphrologie dans lequel j'étais, des compétences en épidémiologie de maladie rénale. Quand je suis arrivé à Claude-Bernard, j'ai fait le constat que l'épidémiologie en maladie infectieuse, en France, était absente. Il n'y avait rien, simplement la déclaration obligatoire des maladies. Donc, j'ai décidé de rester pour développer l'épidémiologie de maladies transmissibles. Et dans ce domaine, on avait un exemple, je dirais, avec plusieurs décennies d'avance. Les Anglo-Saxons avaient développé ce domaine, surtout les Nord-Américains. Donc, quand j'ai fait ce constat de l'absence totale de surveillance de maladies infectieuses et de maladies humaines transmissibles en France, j'ai décidé de rester à Claude-Bernard. J'ai pris, à ce moment-là, des contacts avec le CDC (Centre de contrôle des maladies) d'Atlanta, qui est l'institution qui est la plus développée dans la surveillance, en particulier, des maladies transmissibles. C'est ainsi qu'on a reçu les premiers cas de ce qu'on a appelés ultérieurement le sida, qui ont été décrits dans le bulletin que le CDC publiait à l'époque, qui s'appelle toujours *MMWR*, le *Morbidity and Mortality Weekly Report*.

La première chose que j'ai faite a été de m'abonner à ce bulletin. À l'époque, on ne devait pas être très nombreux ! C'était un petit feuillet d'une page, imprimé sur un petit format. Je crois qu'il y avait toujours un petit décalage entre le moment où je le recevais et le moment où il était édité. Donc, à mon avis, j'ai dû recevoir le 7 juin ou le 8 juin le numéro daté du 5 juin 1981. La date exacte n'est pas très importante. Je me souviens l'avoir reçu un matin et, dans l'après-midi, un patient est venu me voir avec son petit copain qui le tenait par la main. Il toussait et avait de la diarrhée. Ces symptômes étaient décrits dans les cinq premiers cas de la revue. Hasard ? Pas tout à fait, parce que je m'intéresse à l'épidémiologie des maladies transmissibles et que je suis abonné au *MMWR*. Mais hasard quand même, parce qu'en réalité, ce qu'il faut savoir, c'est que les maladies tropicales, j'aimais bien les appeler maladies exotiques. Pourquoi ? Parce que quand les patients qui voyageaient avaient des symptômes que les médecins ne comprenaient pas, on nous les envoyait en imaginant que parmi les des troubles dont ils souffraient, il pouvait y avoir une maladie tropicale ou exotique.

Il se trouve que ce patient était steward, il voyageait beaucoup. Il avait de la diarrhée depuis plusieurs semaines, avec de la fièvre et des difficultés respiratoires. À l'époque, la maladie la plus fréquemment identifiée chez le premier patient était une maladie qu'on appelait pneumocystose, que je connaissais bien parce que j'avais fait de la néphrologie. En néphrologie, on fait des greffes, et la principale cause de complication des greffes était la pneumocystose. Donc, j'avais eu plusieurs patients antérieurement qui avaient eu de la pneumocystose. Au fond, tout ça, c'est... On peut appeler ça hasard ou concours de circonstances. Quand je le raconte comme ça, j'ai presque du mal à y croire ! [rires] Si une personne devait être à cet endroit, à ce moment, je ne vois pas qui d'autre que moi aurait pu s'y trouver.

À l'époque, il y avait deux endroits à Paris où on pouvait faire le diagnostic de pneumocystose : au centre intercommunal de Créteil, le CHIC, un hôpital non universitaire mais où se trouvaient des gens très compétents, et à Tenon. Il fallait quinze jours pour avoir un lavage alvéolaire, la technique utilisée alors. Ça ne se faisait pas si facilement. Au bout de quinze jours, on a eu la confirmation que le patient avait une pneumocystose. Et puis, très rapidement, je me suis aperçu qu'on avait suivi, durant les mois précédents, plusieurs patients donc on n'avait pas fait le diagnostic, et qui pouvaient correspondre à la même pathologie. D'ailleurs, en septembre, on avait même déjà — je l'avais identifié, parce que j'avais un collègue à Tenon où l'on faisait justement des lavages alvéolaires — deux femmes, une Africaine et une Française qui avait vécu dix ans en Afrique, qui avaient eu une pneumocystose inexpliquée. La définition initiale, c'est une infection opportuniste chez des personnes qui n'ont aucune cause connue. Donc en fait, en septembre, j'avais déjà identifié cinq personnes qui pouvaient avoir ce syndrome. Je suis persuadé que la maladie était présente en France, mais que comme personne ne savait, il y avait peu de chances qu'ils puissent être identifiés. Et je me suis dit que c'était une magnifique occasion d'expérimenter les outils qui étaient à notre disposition et d'évaluer les dispositifs qu'il fallait mettre en place pour développer l'épidémiologie des maladies transmissibles et la surveillance.

Les techniques étaient très spécifiques : il fallait identifier les acteurs, recueillir et traiter l'information, avant de la renvoyer vers les sources d'informations. Pour cela, il fallait déjà créer un réseau de professionnels susceptibles de rencontrer des cas similaires auxquels ils ne comprenaient rien, et leur donner l'information. J'ai donc commencé à créer un petit réseau de biologistes de différentes disciplines médicales et, en mars, j'ai contacté la Direction générale de la santé avec le projet de mettre en place un système de surveillance, « profitant » du fait qu'il y avait sans doute des cas similaires en France, méconnus, et que cela permettrait de mettre en place un système de surveillance, de tester des outils de surveillance transmissibles. Curieusement, d'une manière extraordinaire, même compte tenu de l'état des choses à l'époque, j'ai eu un petit budget.

J-L.L.Z. :
C'est intéressant, parce que c'est important, pour les nouvelles générations de médecins, de mesurer le travail qui a été mis en place.

W.R. :
Ce qui était important, c'était de faire connaître et de diffuser l'information auprès des professionnels, mais aussi d'un public plus large. En particulier, déjà, les publics concernés. Lorsque j'ai voulu diffuser l'information auprès de collègues médecins qui pouvaient y être

confrontés, je peux vous dire que la crédulité, elle était forte. On m'a qualifié d'original, obsessionnel, d'homosexuel refoulé parce que ça m'intéressait ! C'était assez étrange. Cette crédulité a duré pas mal de temps dans le milieu médical...

J-L.L.Z. :
Quand j'étais étudiant de médecine à la fac, j'essayais de me rendre de temps en temps dans un groupe d'écoute téléphonique, une hotline type Sida Info Service, à Mexico, où je partageais des informations sur ce que l'on connaissait des moyens de transmission, de la prévention, du message de prévention à la population en général, inquiète de cette nouvelle pathologie qui se répandait de plus en plus. Les cas étaient de plus en plus connus parce que les tests étaient déjà en place.

W.R. :
Il se trouve qu'à l'époque, une de mes anciennes étudiantes, qui avait arrêté ses études de médecine, s'occupait de la rubrique médicale à l'AFP. Je l'ai appelée pour lui demander conseil. Elle m'a dit : *« OK, je te fais une dépêche AFP »*. Elle l'a fait, et à la suite de cette dépêche, un journaliste de *Libération* m'a contacté. Il s'appelait Conan. Il a fait une page entière sur ce sujet. Ça a déclenché des consultations, surtout avec des gens inquiets, essentiellement des hommes homosexuels. Je me souviens d'avoir vu arriver des hommes qui avaient des relations sexuelles avec des hommes plutôt inquiets. Cela m'a permis de comprendre ce qui se passait dans le milieu des hommes qui avaient des relations sexuelles avec des hommes, ce que je ne connaissais pas du tout. J'ai pu identifier les premiers facteurs de risque d'une maladie, ce qui a permis d'asseoir les premières hypothèses diagnostiques. Il y avait alors deux hypothèses, dont les produits toxiques, puisque c'était une maladie de déficit immunitaire plus répandue, mais le déficit immunitaire acquis, c'était essentiellement la conséquence du traitement immunosuppresseur. Il était donc logique qu'on ait d'abord pensé à un produit toxique. Le poppers a été éliminé assez rapidement, d'autant que, dès le début de 1982, contrairement à ce que beaucoup de gens gardent en mémoire (même, d'ailleurs dès août 1981, c'est-à-dire deux mois après le début de l'épidémie), 10 % des patients n'étaient pas des hommes qui avaient des relations sexuelles avec des hommes, alors que le lien homosexualité a perduré, encore aujourd'hui. Mais en août 1981, le *MMWR* décrivait peut-être une centaine de patients — je ne me souviens plus du nombre exact. L'histoire du poppers était légitime, mais pour moi, cela paraissait peu vraisemblable. Dès le début de 1982, il y avait eu l'histoire des transfusions et des utilisateurs de bandes intraveineuses, puis les transfusées, et les hémophiles un peu plus tard. Cela laissait l'hypothèse d'un genre infectieux qui pouvait se transmettre soit par voie sexuelle, soit par voie sanguine, et devenait très sérieuse. Les agents bactériens, notamment des agents parasitaires, pouvaient se transmettre par voie sexuelle, mais pas par voie sanguine.

On avait des modèles, et parmi ceux d'un genre infectieux qui pouvaient se transmettre de cette manière-là, il y avait essentiellement des virus. On avait l'hépatite B, par exemple. Les premières études épidémiologiques dataient de la fin des années 70, et nous étions au début des années 80. L'hépatite B, je n'y croyais pas trop. Autre modèle, le CMV, le cytomégalovirus. C'était assez intéressant. Comme dans les greffes, c'est un agent opportuniste qu'on peut trouver chez les patients de sexe féminin sous immunodépresseur, mais on savait que quand le CMV survient chez ces patients, cela aggrave l'immunodépression. Des publications à la fin des années 70 montraient que le CMV, en tant que tel, induisait ou aggravait un déficit immunitaire.

Très rapidement, nous avons commencé à travailler sur la recherche d'un agent viral avec l'objectif de développer des données épidémiologiques. Les données épidémiologiques, ce n'est pas juste pour faire bien dans un livre, c'est surtout pour rassembler des éléments qui permettent d'établir des hypothèses ! Nous nous sommes focalisés là-dessus. J'ai pris d'emblée contact avec des associations d'hommes ayant des relations sexuelles avec des hommes, des associations de Haïtiens (car, l'époque, les Haïtiens avaient été identifiés), des associations d'hémophiles. Je ne sais pas comment ça s'est passé au Mexique, mais en France, au tout début, l'accueil était extrêmement réservé, pour ne pas dire hostile. Mais malgré tout, l'association des médecins gays est tout de suite venue participer à ce groupe de travail et nous a beaucoup aidés ultérieurement quand il a fallu faire des études où on avait besoin de patients témoins. Et puis, pour diffuser l'information, ça a été très important.

En même temps qu'on mettait en place ce système de recueil, de traitement des informations, on travaillait au sein de petits sous-groupes sur l'origine de la maladie. Moi, j'ai travaillé essentiellement sur le CMV, tandis que d'autres travaillaient sur l'hépatite. Et puis, en août 1982, l'un d'entre nous tombe sur un article d'un virologue américain qui s'appelle Robert Gallo, et qui émet l'hypothèse que le sida pouvait être dû à un rétrovirus.

J'avais appris durant mes études que les rétrovirus pouvaient être responsables de sarcomes. Le sarcome de Rous, par exemple qui est un sarcome animal, était dû à un rétrovirus. Les rétrovirus étaient connus surtout chez les animaux. Ils provoquent des leucémies, des lymphomes, des maladies, des cancers. Mais le premier rétrovirus humain mis en évidence, c'est en 1979, par l'équipe de Gallo. Il s'agit d'un virus lié à un cancer de la peau qu'on appelle maladie de Sézary, et qui peut se transmettre par le sang, peut-être par voie sexuelle, on n'était pas sûr, en tout cas par le sang, et qui était prévalant dans certaines régions du monde, en particulier dans les Caraïbes.

Et puis, surtout, il y avait le modèle animal, avec un virus proche, avec un rétrovirus, qui est le FeLV (Feline leukemia virus), qui donne des leucémies chez le chat, ou des déficits immunitaires, ou les deux en même temps. Et Gallo écrit que le virus HTLV (virus T-lymphotrope humain), qu'il a identifié deux ans auparavant, est probablement responsable du sida, puisque sur le modèle animal, on a un rétrovirus qui donne un déficit immunitaire, ou des lymphomes.
Tous ces éléments réunis étaient très séduisants, il faut le dire. À l'époque, je faisais rechercher le cytomégalovirus dans les ganglions. Grâce aux Américains, certains patients étaient suivis dans une cohorte sur les hépatites à partir de 1975. Parmi ces patients,

certains d'entre eux ont développé un sida, ce qui a permis d'identifier des cas avant 1981, bien entendu, et de construire ce qu'on a appelé une histoire naturelle de la maladie, avant même que nous-mêmes suivions des patients qui étaient suspects.

Cela nous a beaucoup aidés, et ce qu'on a décrit à l'époque, c'est qu'avant que le sida n'apparaisse, il y avait des symptômes préalables, et en particulier l'apparition de ganglions, ce qu'on a appelé le syndrome lymphano-hépatique. Ces ganglions semblaient être une phase préliminaire de la maladie qui se développait ultérieurement avec le sida. Donc je faisais faire très volontiers des biopsies ganglionnaires à mes patients, d'abord parce qu'on pouvait trouver des choses dedans et, deuxièmement, parce que le fait que la maladie commençait comme ça, on avait envie de voir ce qu'il se passait au début, on faisait une analyse histologique.

En novembre 1981, Jacques Leibowitch avait contacté Gallo pour voir s'il y avait des résultats, d'autant que nous, nous n'avions trouvé personne pour travailler sur le rétrovirus en France. Et Gallo lui donne oralement les résultats de ce qu'il a trouvé sur les 33 premiers patients qu'il a analysés. Il n'y avait que deux positifs vis-à-vis de l'HTLV, son virus, son rétrovirus humain, antérieurement identifié. C'était assez décevant. C'est à ce moment-là que je me suis dit: les virus ne peuvent survivre que dans un système cellulaire, dans une cellule. En dehors de la cellule, ils ne survivent pas. Si on cherche un stade avancé de la maladie, les cellules disparaissent, donc le support avec lequel l'agent peut disparaître aussi. Conclusion : il faut chercher avant.

C'est pour ça que j'ai commencé à chercher des gens qui pouvaient travailler sur les rétrovirus, et en particulier dans le ganglion. Je faisais faire des biopsies ganglionnaires régulièrement à mes patients. Accessoirement, j'avais changé d'hôpital, parce que je m'étais fait virer de celui où je me trouvais. Ils ne comprenaient pas pourquoi je m'occupais des homosexuels! Ils m'ont expliqué dans un couloir, sans témoin. « *Si tu veux t'occuper des pédés, il faut aller ailleurs !* » C'était il y a quarante ans, vous ne pouvez pas vous rendre compte. Heureusement, l'un des bénéfices secondaires de cette histoire, c'est que la tolérance a beaucoup évolué, même si ce n'est pas encore parfait. La société a changé, l'acceptation et même les rapports au mariage pour tous, etc... c'est une conséquence positive de ce drame. Mais, à l'époque, c'était difficile. C'était dur, et à tous les niveaux. Non seulement il y avait un ostracisme, mais les patients étaient rejetés en grande partie pour ça. C'est toutefois encore vrai aujourd'hui, il y a encore des médecins qui ne veulent pas voir les « *pédés* » — ceux qui utilisent le terme. Donc, en novembre 1982, je me trouvais à Pasteur sur invitation d'un collègue et en reprenant en grande partie les arguments de Gallo, on a fait le point. Je ne me souviens plus combien il y avait de patients alors... Pas loin de 25, déjà. J'ai fait un topo pour expliquer aux gens de Pasteur ce qu'on savait déjà, nos hypothèses. J'ai conclu en demandant s'il y avait un rétrovirologue dans la salle. Je n'ai pas dû convaincre... Personne ne m'a répondu !

Je travaillais alors avec une collègue virologue qui venait toutes les semaines prendre un bout de ganglion qu'elle mettait dans l'azote liquide pour travailler sur le CMV, le cytomégalovirus.

Je lui ai fait part de mon désespoir : « *Écoute, j'étais à Pasteur, et même à Pasteur, il n'y a personne qui travaille sur les rétrovirus !* » Elle m'a répondu : « *Quand j'ai fait mes études de virologie à Pasteur, il y avait un médecin qui nous a fait le cours sur les rétrovirus.* » C'était Jean-Claude Chermann. Je lui ai dit : « *Essaye de l'appeler. Demande-lui si ça peut l'intéresser !* » Quelques jours plus tard, elle m'appelle : « *Je n'ai pas vu Chermann, mais j'ai eu son chef de service, Montagnier. Il faudrait que tu l'appelles pour lui expliquer pourquoi tu veux faire ça. Et pourquoi tu veux le faire sur des ganglions.* » J'ai appelé Montagnier juste avant les vacances de Noël. Nous avons eu une longue conversation d'au moins une heure, si ce n'est plus, pour lui expliquer ce qu'était que le sida qu'il ne connaissait pas et pourquoi on cherchait un rétrovirus en reprenant les arguments de Gallo. Là-dessus, je n'avais rien inventé. Mais puisque Gallo ne l'avait pas trouvé, je pensais qu'il fallait le chercher dans un ganglion. Comme une de mes biopsies ganglionnaires était programmée pour le début du janvier — je ne sais plus exactement la date -, je lui ai dit : « *Si vous voulez, on vous donne un bout de ganglion du prochain patient programmé.* » Vous connaissez la suite... Françoise Barré, qui a fait le travail, a mis en évidence une activité reverse transcriptase, qui était la signature des rétrovirus. Elle a montré qu'il n'y avait pas de grosse réaction avec l'HTLV — c'était un nouveau rétrovirus. Et l'histoire a commencé jusqu'à construire un test, mais avec des réserves extrêmement importantes de tout le monde. C'est-à-dire — il faut le dire sans polémique — que les gens n'y ont pas cru. De plus, Gallo s'est montré très agressif. Il a été très négatif, disant que l'équipe ne valait rien, persuadé que c'était une contamination, parce que, c'est vrai, les rétrovirus, ça contamine beaucoup dans les labos. Il a fallu attendre un an pour que Gallo confirme finalement ce résultat, en appelant d'ailleurs son virus HTLV-3 parce qu'il ne voulait pas couper l'affiliation avec son premier rétrovirus. Nous souhaitions, nous, que les tests soient réalisés très rapidement, mais Pasteur a bloqué pendant au moins un an et n'a débloqué les choses qu'après que Gallo eut confirmé la découverte. Pour produire les tests, il fallait produire du virus, et pour produire du virus, il fallait construire un labo. Les tests ont été développés à partir de la fin 1984. Ils ont permis beaucoup de choses.

J-L.L.Z. :
C'était les tests urologiques ?

W.R. :
Oui. On a choisi la technique Nevisa, mais il y avait pas mal de faux négatifs, de faux positifs, ce qui était compliqué. Il fallait faire des tests de confirmation. On a eu un test de confirmation qui s'appelait le RIPA initialement, mais il était affreux à effectuer. Et puis, ensuite, le Western Blot. Mais il y avait beaucoup de faux positifs. C'est normal, parce que pour créer de l'antigène viral, il faut faire des cultures cellulaires. Il faut isoler l'antigène viral. Or, ce qui se passe, c'est que quand on fait des cultures cellulaires pour isoler l'antigène viral, des contaminants cellulaires peuvent passer. Ça crée des faux positifs, en somme.

J-L.L.Z. :
Je me souviens qu'en 1988, lorsque j'étais étudiant, on avait les premières thérapies. On commençait à parler de bithérapie, la combi-

naison de deux traitements, de deux molécules pour traiter cette infection.

J'ai été très touché par la maladie parce que, durant ces premières années dans ce Sida Info Service à Mexico, j'ai côtoyé des personnes atteintes du VIH qui travaillaient dans le service et qui sont décédées. On a perdu énormément de monde. Pendant mes années de formation à l'école de médecine, je voyais aussi des personnes mourir à cause de la maladie parce que, même si on avait quelques molécules pour traiter l'infection, ce n'était pas assez. Avec le recul, on a compris que ces molécules étaient insuffisantes et qu'il y avait encore de la résistance chez les patients, chose qui compliquait l'affaire, car la majorité développait des infections opportunistes. Nous étions dans un pays où l'on n'avait pas accès aux antirétroviraux, où la prise en charge médicale et sociale était freinée pour des raisons économiques. Les patients avaient des complications avec des maladies opportunistes pour lesquelles on n'avait pas de traitement. Le traitement était coûteux parce qu'il fallait faire des thérapies intraveineuses. Du coup, la pathologie a pris de l'ampleur à Mexico et dans toutes les villes du Mexique parce que nous n'avions pas les moyens ni pour diagnostiquer, ni pour traiter tous les patients. Voilà pourquoi c'était une maladie qui faisait peur, même si on connaissait de plus en plus de cas. C'est la raison pour laquelle je me suis engagé aussi rapidement. J'ai travaillé au sein de la hotline pendant quatre ans, entre 1990 et 1994. C'est mon meilleur ami, médecin lui aussi, qui m'a donné votre livre. J'étais alors dans les pré-internats, dans une petite ville très rurale, très pauvre. Le soir, je lisais. Après avoir lu votre livre, j'ai su que je voulais devenir médecin infectiologue. Je voulais me dédier à la prise en charge des patients atteints du VIH.

En 1994, j'ai commencé ma spécialité à l'Institut National de la Nutrition à Mexico. C'était un institut renommé et on traitait déjà quelques patients atteints du VIH/sida. On a eu accès à quelques premières trithérapies en 1997-1998. On a commencé à traiter surtout les patients qui perdaient énormément de poids dans les phases tardives de la maladie. On connaissait les progrès de ces trithérapies en Amérique du Nord en Europe grâce à la littérature médicale internationale. C'est comme ça que je me suis battu. C'est en 1998, lorsque j'ai intégré des études de médecine, que j'ai mieux compris de quoi il s'agissait. Une pathologie virale, chronique, et pour laquelle on n'avait pas de traitement. Il y avait les premiers essais, mais le pays n'y avait pas accès. Et quand j'ai compris de quoi il s'agissait, je me suis engagé dans la lutte du VIH comme je pouvais.

W.R. :
Est-ce que je peux faire une remarque par rapport à ce que tu dis ? Moi, je me suis battu très rapidement contre l'idée — très répandue et ce pendant très longtemps, jusque dans les années 2000 — qu'il n'y avait pas de traitement dans cette maladie. Pour moi, l'exprimer de cette façon avait un côté très négatif : les patients, les soignants détestent ne pas pouvoir agir quand on dit il n'y a rien à faire. Le patient se retrouve dans un coin et on ne s'en occupe plus ! C'est ce que moi, j'ai vécu — pas dans ma pratique, mais à travers les retours qu'on m'a faits.

Il ne faut pas penser en médecine que, parce que le résultat est négatif, ça ne fait pas avancer le sujet. L'AZT[2], qui est un médicament partiellement efficace, a été développée à partir de 1986. Vous ne l'aviez sans doute pas dans ton pays, mais en France, ce médicament, certes imparfait, a permis à certains patients que j'ai suivis pendant quarante ans — et que je suis encore aujourd'hui, qui sont toujours vivants et qui étaient à un stade très avancé de la maladie à l'époque — de vivre. Ils ne sont pas nombreux, après l'hécatombe qu'on a évoquée. Mais dès le début, indépendamment des antiviraux, l'amélioration de la survie des patients a été immédiate. La majorité des infections opportunistes de l'époque, et très rapidement d'ailleurs dans les années 80, pouvait être diagnostiquée et traitée.

Ce qui a été important, c'est la mise en place de traitements pour les infections opportunistes, mais aussi la prévention secondaire. C'est-à-dire qu'on s'est très vite aperçus qu'on traitait les infections opportunistes mais qu'elles récidivaient. On a ainsi mis en place des préventions secondaires pour éviter les rechutes. Et puis, à partir de 1984-85, avec l'histoire naturelle que les Américains ont publiée, la prévention primaire. Les cytoplasmoses ont disparu en quelques années grâce à la prévention primaire, pour les patients qui avaient un diagnostic — parce que le gros problème, c'est qu'on n'avait pas de diagnostic pour une grande partie des patients. Donc l'AZT, c'était imparfait, mais pour certains patients, cela leur a permis d'attendre l'hémothérapie. Ça a donné un petit boost à des patients qui avaient résisté jusque-là, avant les trithérapies où, là, il y a eu résurrection.

L'autre chose importante que je voulais dire, c'est que notre impuissance était relative. Il n'y a pas de traitement curatif, il n'y a pas de traitement définitif, mais il y avait des traitements, on pouvait faire quelque chose pour les patients, y compris médicalement, y compris techniquement et ça, c'était difficile à faire admettre. L'autre chose très positive qui s'est passée, c'est que, compte tenu de notre limitation technique, un concept est apparu à l'époque : c'est le concept de « prise en charge globale ». C'est-à-dire que oui, l'aspect technique était frustrant, insatisfaisant, incomplet, mais en revanche, le soutien psychologique, le soutien social, tout ce qu'on a conceptualisé sous le thème de « prise en charge globale » s'est beaucoup développé. Où en est-on aujourd'hui sur ce point ? Quel est ton sentiment ? Parce que cette prise en charge globale est très importante en médecine.

J-L.L.Z. :

Oui, c'est très important en médecine. Cette prise en charge globale se poursuit dans les infections anciennes, parce que, comme vous le savez, la population vieillit avec le VIH, chose qui permet aux patients de vivre très longtemps. On a des patients qui sont âgés, qui prennent de l'âge ; il y a des patients de plus de 80 ans qui vivent avec le VIH. Ce sont eux qui nous donnent l'opportunité de prise en charge globale.

Je dirais que la majorité de nos consultations dure une quinzaine de minutes, mais pour certains patients, il faut compter 40-45 minutes, voire une heure de consultation, parce qu'un quart d'heure, ça ne suffit pas. Cette prise en charge globale nous oblige à voir les patients de façon plus rapprochée, tous les trois ou quatre mois selon les patients. Nous constatons aussi un changement, un relâchement, si je peux me permettre, car les nouvelles générations vivant avec le VIH, qui ont constaté l'infection à partir des années 2000, ou qui sont nées à partir des années 2000, sont plus jeunes. Ils n'ont pas connu l'époque des années 80-90 et, du coup, ils ne connaissent pas les années noires et souhaitent avoir un suivi plus relâché et plus absent des hôpitaux. Et encore plus depuis la pandémie Covid, durant laquelle nous avons été contraints de nous adapter en faisant des consultations à distance, en visio ou au téléphone, en envoyant des annonces par courrier, par mail, etc. Nous avons pu le faire et nous savons le faire, et cela a porté ses fruits, parce que les traitements antirétroviraux que nous avons actuellement nous permettent de relâcher un peu les suivis, avec une consultation une fois par an. Mais je pense qu'il y a encore du travail à faire. Même s'ils sont jeunes, ils ont besoin aussi d'une prise en charge globale.

Il ne s'agit pas de renouveler leurs ordonnances et de voir les bilans, mais plutôt de s'occuper des vaccinations et du dépistage, d'encourager la consultation chez les proctologues ou chez les gynécologues, de s'occuper du dépistage du cancer cervico-utérin, mammaire ou colorectal. Il faut dire que pour la majorité de nos patients, nous sommes les seuls médecins qu'ils voient pendant l'année, alors il est essentiel pour nous de maintenir ces liens. Donc la prise en charge globale, elle se poursuit jusqu'à aujourd'hui et on continue à le faire. Parce qu'en plus, dans les déserts médicaux, même dans les grandes villes de France, on peut aussi être le médecin référent, le médecin spécialiste, même si c'est dangereux pour certains patients. Nous sommes obligés de le faire. Mais on le fait avec le même patient, parce qu'on sait que le patient a confiance en nous. Oui, c'est une relation de confiance, qui est très importante.

W.R. :
Je suis d'accord, c'est important, mais je vais réagir à ce que tu me dis. Ce que tu me racontes, ce n'est pas la prise en charge globale — c'est la prise en charge technique. Elle est en effet très importante, car c'est cela qui va faire que les patients qui rentrent aujourd'hui dans la maladie ou qui sont traités vont vivre plus longtemps que la population générale, aussi paradoxal que ça puisse paraître, puisque dès qu'ils ont un pet de travers — excuse-moi l'expression ! — on fait de la prévention, au-delà de l'obésité ou des troubles cardio-respiratoires. Ça, c'est technique. Donc non seulement ils vont vivre plus longtemps, mais ils ne souffrent plus tellement de la maladie physiquement et ils sont suivis régulièrement. En revanche, de quoi souffrent-ils aujourd'hui ? De la persistance du regard social, loin d'être bienveillant, y compris dans le milieu homosexuel. Le fait d'énoncer avec un partenaire qu'on est séropositif est loin d'être évident, si j'en crois l'expérience que les gens me rapportent. La majorité des gens ne parviennent pas à le dire à leur partenaire sexuel. Ils disent qu'ils prennent la PrEP pour les rassurer. Ce qui est quand même extraordinaire, paradoxal !

Ce qui est aujourd'hui compliqué, c'est de devoir supporter le regard de la société. C'est d'avoir, dans son parcours professionnel, familial, des difficultés importantes. L'isolement,

l'incapacité d'échanger sur ce sujet, c'est une vraie souffrance. Cela continue à induire un inconfort au niveau de la relation affective et sexuelle. Le vieillissement aussi, d'ailleurs, pour ces populations où l'aspect narcissique de la relation est une réalité, fait que les choses sont difficiles. Et ça, est-ce que la société y répond aujourd'hui ? Non.
La deuxième chose dont je voulais parler, c'est qu'une maladie chronique, même quand on se porte bien physiquement, même quand l'avenir a perdu son caractère d'incertitude, c'est un handicap social. C'est un handicap dans un parcours professionnel. Et ça, dans les réponses actuelles, on n'est pas bons. Moi, par exemple, je me souviens d'avoir eu dans le service de chirurgie, à l'époque, quatre psychologues et psychiatres. Maintenant, c'est fini. On ne peut plus les avoir — on n'a plus les moyens de les avoir. Les assistantes sociales, il y en avait trois. C'est fini. Désormais, il n'y en a qu'une, qui est débordée de tous les côtés et qui ne sait pas comment se débrouiller avec ça.

Je t'ai un petit peu lancé sur la prise en charge globale, parce que j'ai l'impression que c'est un atout fantastique, mais qui a disparu. Et ce qui est dommage, c'est que ça a disparu pour le VIH et qu'on n'a pas réussi à faire des petits... Car cette approche, qui est valide pour le VIH, devrait être valide pour l'ensemble des pathologies. Là où on a un petit peu bougé, c'est sur l'acceptation sociale. Mais on est encore loin du compte...

J-L.L.Z. :
Je constate que nous avons des nouveaux défis chez la population HSH, LGBT, touchée par la pathologie. Les patients sont confrontés, effectivement, à cette solitude, cette sérophobie, cette stigmatisation, qui peuvent venir aussi de la part de la communauté homosexuelle ou bien de certaines spécialités médicales. Autre chose, qui n'explique pas tout, mais l'un de nos défis actuellement, c'est le produit toxique, c'est-à-dire la prise de drogue dans notre population vivante avec le VIH. C'est un vrai sujet dans lequel nous nous trouvons démunis, parce que nous n'avons ni psychiatres, ni psychologues. La prise en charge addictologique s'est encore réduite. C'est vrai, nous faisons face à de nouvelles problématiques tous seuls, dans les groupes de consultation. On essaie de les encourager, mais c'est assez difficile. Et parfois, on est obligés de e bouger comme on peut ! Bien sûr, on peut compter sur des associations de patients comme AIDES, Espoir, Actions Traitements, Basiliade, ou d'autres, qui nous aident un peu à aborder cette solitude, afin de socialiser, pour créer des groupes de parole avec les différents intervenants, médicaux, paramédicaux. Et je pense qu'effectivement, il faut compter avec cette prise en charge communautaire.

W.R. :
Pour moi qui ai vécu toute cette période des années 90, où les associations ont été mues par un très grand dynamisme, c'est vrai que les enjeux étaient majeurs. Il y avait des bénévoles. Les gens venaient accompagner et rendre visite aux patients à l'hôpital. Aujourd'hui, on trouve des bénévoles dans les protocoles thérapeutiques, mais c'est minoritaire. Les associations sont en grande difficulté, il ne faut pas se le cacher. Et je crains que cela ne s'arrange pas, alors que ça reste des outils, des structures très importantes. Nous ne sommes plus dans cette période de mobilisation qu'il y a eu à partir des

années 80. On constate un vrai recul là-dessus. D'abord, les financements ont largement diminué. Les moyens des associations n'ont pas vraiment augmenté, loin de là. Et puis, c'est compliqué, le bénévolat. Le bénévolat, ça marche un an, deux ans, trois ans, mais ça ne peut pas être chronique. Là-dessus, j'ai une théorie : les associations, il faut les dissoudre au bout de cinq ans maximum, et les remplacer par autre chose. Sinon, ça s'institutionnalise et ça perd son âme. Mais ELCS dure depuis plus longtemps que ça ! [rires] Les financements sont aussi distribués, la plupart du temps, aux associations qui durent. C'est très bien parce que les pouvoirs publics ont intérêt à privilégier les regroupements car dans tous les domaines, on diminue l'assurance humaine. Mais dans le domaine de la solidarité, l'assurance humaine est irremplaçable. Dans le domaine du soutien, ce ne sont pas les machines ni l'intelligence artificielle qui vont nous aider.

J-L.L.Z. :
Cette sérophobie, cette stigmatisation envers la population du fond avec le VIH n'est ni justifiable, ni acceptable. Elle est délétère pour la prise en charge globale, comme vous le dites. Bien sûr que c'est notre travail de continuer à éduquer les patients, d'éduquer la société en général, en donnant toutes les informations et en transmettant les nouveaux messages, en rappelant qu'aujourd'hui, un patient vivant avec le VIH ne peut pas transmettre la maladie s'il est bien traité. La charge globale est imprévisible. Mais il faut continuer à transmettre ce message auprès de la population, dont les soignants. Selon vous, est-ce qu'il manque quelque chose pour lutter contre la stigmatisation de la population qui vit avec le VIH ?

W.R. :
C'est un problème politique. Il est quand même étonnant qu'un élément extrêmement important de ces dernières années ne soit pas dit : une personne qui prend son traitement ne peut plus transmettre la maladie dans aucune circonstance, y compris dans des relations sexuelles. C'est la responsabilité des pouvoirs publics de faire connaître cette information. Parce qu'elle soulage le patient. Or, la criminalisation de la transmission a été mise en avant depuis des décennies pour tenter d'empêcher la transmission, ce qui est une connerie incommensurable. Pour que les gens puissent rentrer dans un processus de prévention, il ne faut pas les exclure, il faut les intégrer !

L'expérience, c'est que la très grande majorité des gens contaminés par le VIH a toujours été préoccupée par le risque de transmettre la maladie. Donc, aujourd'hui, le fait de pouvoir diffuser cette information-là permettrait de changer le regard social. Mais cette information, vous l'avez vue passer ? Les associations en font un peu la promotion, mais les pouvoirs publics ? On fait de la publicité pour le vaccin, mais tu vois, c'est mieux qu'un vaccin. Ça veut dire que si on faisait de la publicité pour ça, on pourrait aller plus loin, on pourrait améliorer le dépistage. Ça veut dire que tout le monde a intérêt à se faire dépister parce que quand on est traité, les conséquences de la maladie disparaissent pratiquement. Tu sais bien que l'enjeu principal aujourd'hui, c'est aussi le dépistage. Moi, je vois pour la PrEP. Je suis médecin d'études cliniques maintenant, donc je m'occupe de protocoles de PrEP. Et je suis interloqué : 80 % des personnes qui prennent la PrEP dans le service ont bac+5. Je ne sais pas si c'est aussi votre expérience ? Ça veut dire quoi ? Ça veut dire que c'est une information qui n'est pas diffusée.

J-L.L.Z. :
Exactement. Une information qui ne circule pas auprès de toute la communauté.

W.R. :
Je ne parle même pas des populations particulièrement exposées, qui sont les populations d'étrangers, des migrants, les populations vulnérables. Ces populations-là, elles sont minoritaires, y compris chez les travailleuses et les travailleurs du sexe. C'est très difficile, avec un argument que j'entends, qui est de dire que, de toute façon, « *on sait prendre des précautions, on n'a pas besoin de PrEP, on sait prendre des précautions* ». Mais ce n'est pas vrai. On est très loin du compte, alors qu'on a, aujourd'hui, les outils pour contrôler l'épidémie. C'est d'ailleurs le slogan. Le fait que l'OMS ait fixé comme objectif d'arrêter l'épidémie de sida en 2030, c'est parce qu'on admet qu'on a les outils pour le faire. Maintenant, que signifie d'avoir les outils si on ne se donne pas les moyens de les mettre en œuvre ? C'est un problème politique.

J-L.L.Z. :
Et même si aujourd'hui, on a un message positif comme quoi l'infection par le VIH peut être traitée et contrôlée, l'éradication de l'infection par le VIH n'est pas encore d'actualité, parce que le virus est caché dans les cellules les plus profondes. L'éradication du VIH d'ici à 2030 ne sera pas envisageable, à mon avis. Il faut aussi développer la connaissance auprès de la population médicale, parce que tous ne sont informés. Il faudrait aussi former les médecins car n'importe quel médecin généraliste doit pouvoir assurer l'observance des traitements.

W.R. :
Pas simplement des médecins, mais peut-être aussi les infirmières, les pharmaciens, tous ceux qui connaissent la PrEP. Y a-t-il vraiment eu des actions de diffusion de cette information ?

J-L.L.Z. :
Il y a eu quelques campagnes menées par les associations.

W.R. :
Oui, mais les associations n'ont qu'un rôle de catalyseur. Ils allument la mèche, mais il faut quelqu'un pour la contrôler ! Les associations n'ont pas le pouvoir. Nous non plus, médecins, n'avons pas ce pouvoir.

J-L.L.Z. :
Nous avons besoin de l'aide de l'État.

W.R. :
Ils vont mieux préparer la guerre que résoudre les problèmes. On est mal barrés ! Moi, je suis inquiet pour mes enfants, qui ont 16 ans et 12 ans parce que je m'y suis pris tard, parce que j'ai beaucoup bossé ! [rires] Eh bien, il n'y a rien. Dans les associations de parents d'élèves, je dis : qu'est-ce que vous faites ? Cela fait des années que dans les programmes, il doit y avoir l'éducation sexuelle, la santé sexuelle. Il ne faut pas parler de sexualité, mais de santé sexuelle et affective. Et la moitié des parents répondent : ce n'est pas à l'école de faire ça... Aujourd'hui, par le biais des violences sexuelles, pour essayer d'éduquer, d'apprendre aux enfants à dire non, certaines choses comme ça passent,

mais c'est à peu près tout. Il y a un recul idéologique majeur. Au Mexique, je crois que vous avez un gouvernement de gauche ?

J-L.L.Z. :
Oui, c'est terrible, parce qu'au Mexique, la majorité de la population n'a pas accès à la PrEP. Donc, les contaminations se poursuivent, comme ailleurs dans toute l'Amérique latine.

W.R. :
Les pays d'Amérique latine ne sont pas si mauvais que ça en santé publique et ils ne sont pas si mauvais en épidémiologie. Simplement parce que, comme ils ont des moyens moins importants, ils sont davantage centrés sur la santé publique. J'ai travaillé avec des Mexicains avant le sida, et beaucoup avec les Brésiliens. Ils ont une approche de la santé publique beaucoup plus développée que ce qu'on a encore aujourd'hui ici en France. Au Brésil, ils font des choses.

J-L.L.Z. :
Oui, mais la situation reste compliquée.

W.R. :
Même aux États-Unis, la PrEP n'a pas pris. Concernant les campagnes d'information, cela dépend des États. Par exemple, à New York, il y a eu des campagnes majeures, vraiment fortes.

J-L.L.Z. :
C'est la raison pour laquelle, je pense que la fin du VIH n'est pas pour 2030. Là, on est à l'arrêt. Certaines projections américaines annoncent des contaminations jusqu'en 2050.

W.R. :
Je ne serai sans doute plus là pour le voir... Mais je ne suis pas optimiste. L'engagement, y compris en France, plus personne ne veut parler, ce n'est plus un sujet. Alors, est-ce que ça doit être un sujet plus important que le cancer ? Ça peut se discuter. Sauf qu'aujourd'hui, les outils existent ! On ne peut pas supprimer le cancer du jour au lendemain, mais là, on a les outils qui permettraient d'arrêter l'épidémie. En France, en tout cas. Ailleurs, c'est en effet plus compliqué. Mais en France, on a les outils. C'est cela qui est inacceptable. Les maladies cardiovasculaires, c'est un problème de santé publique plus important. Mais est-ce qu'on a les outils pour améliorer, diminuer l'incidence des maladies cardiovasculaires ? Alors qu'on peut supprimer la rougeole, la variole, la scarlatine, les oreillons, la coqueluche. C'est comme si demain, on disait : on arrête. D'ailleurs, aux États-Unis, c'est ce qu'ils font. On arrête de vacciner et on voit ce qui va se passer. Ce n'est pas la même chose quand on a les moyens d'interrompre ou de supprimer les maladies même si, quantitativement, cela représente un problème de santé publique plus important. Moi, je n'ai pas de doute pour le fait que le cancer et les maladies cardiovasculaires, c'est un problème de santé publique sans doute plus important. Mais le VIH est une maladie contagieuse. C'est-à-dire que si on ne diminue pas, au mieux, on stagne. Au pire, on aggrave.

J-L.L.Z. :
Dans mon expérience professionnelle, j'ai donné accès à la PrEP pour toute population qui la demande. Toute population. S'il y a un patient qui vient nous voir et qui nous demande la PrEP, même si on pense qu'il n'y a pas beau-

coup de raisons pour le faire, le fait de venir nous voir pour la demander, c'est déjà une raison pour la lui donner.

W.R. :
Les gens ne sont pas stupides. Il y a aujourd'hui des moyens d'adapter son comportement à partir du moment où on a une écoute, je dirais... bienveillante. Oui, bienveillante. On fait passer le message : ce sont eux qui sont aux manettes.

J-L.L.Z. :
Oui, exactement !

W.R. :
Ils sont aux manettes. C'est un moyen supplémentaire. Il n'y a pas que ça, d'ailleurs : c'est un moyen de prévention. Ce matin, un patient m'a dit : « *Voilà, j'en ai marre d'avoir deux aventures par jour. Disons que je suis diminué.* » Bon. Je peux lui dire : « *Vous pouvez faire...* », mais je ne vais pas lui dire : « *Il faut faire ça* », parce que cela n'a pas d'intérêt.

J-L.L.Z. :
Je ne sais pas si vous avez la même impression, mais les patients ne viennent pas pour qu'on fasse leur éducation sexuelle. Ils viennent pour nous demander un moyen de prévention.

W.R. :
Oui, ils ne viennent pas pour qu'on leur fasse leur éducation sexuelle.

J-L.L.Z. :
Ce n'est pas à nous de la faire. On n'est pas là pour ça. Nous sommes là pour prévenir, voilà ce que l'on peut faire.

W.R. :
Par exemple, on a presque tout pour les IST.

J-L.L.Z. :
Il y a même un traitement pour le Monkeypox.

W.R. :
Je ne suis pas sûr qu'il soit très positif, mais on a un traitement. Ça, je le dis très souvent aux patients. Que ce n'est pas si grave, les IST. À partir du moment où on prend soin de soi, ce n'est pas si grave. L'important, c'est de prendre soin de soi. C'est-à-dire que quand on a des symptômes, quand on a des conduites qui nous exposent à ce risque-là, il faut se faire dépister, traiter. Point. Terminé. Ça se traite très facilement. Et si on le traite, il n'y a pas de complications. Pour les femmes, par exemple, les chlamydias : personne ne se faisait tester jusqu'à très récemment. Ça peut rester totalement asymptomatique. En revanche, ça peut avoir des conséquences sur les grossesses, etc. Donc, ce qui est important, c'est de prendre soin de soi. Et l'avenir...

J-L.L.Z. :
L'avenir, c'est effectivement de continuer à encourager la population à prendre soin d'elle, de développer la PrEP, de continuer à soutenir la population vivant avec le VIH en essayant d'avoir cette prise en charge globale qui, même si, comme vous le dites, elle n'est pas optimale à l'heure actuelle, présente quand même beaucoup d'avantages. On peut faire de belles choses à l'hôpital public, dans une approche humanitaire, chose qui n'existe pas dans beaucoup de pays. Oui, simplement humanitaire.

W.R. :
Enfin, humanitaire… c'est la médecine, hein !

J-L.L.Z. :
Oui, mais pas dans tous les pays et pas de la façon dont vous le faites, vous, et tous les grands médecins français qui se sont dévoués pour la prise en charge de ces patients-là, indépendamment de leur profession.

W.R. :
Non, pas dévoués ! On a fait notre boulot.

J-L.L.Z. :
Non, je pense que c'est au-delà. J'ai quand même vu le Professeur Molina faire ses consultations le samedi matin ! Et les médecins de voyage, les médecins qui font des horaires jusqu'à 19 heures ou 20 heures et leurs consultations les samedis et les dimanches…

W.R. :
Ce n'est pas grave. Moi, ça m'a permis d'avoir aujourd'hui des enfants en bas âge !

J-L.L.Z. :
Mais tout le monde ne le fait pas et ça, c'est exemplaire. Il faut le dire. Grâce à cet engagement, vous avez amélioré la vie des millions de personnes.

W.R. :
Évidemment, je fais ça pour améliorer la vie des personnes, mais je l'ai fait aussi parce que quand on cherche à comprendre pourquoi on est là, on est bien obligé de se dire qu'on va tenter d'apporter quelque chose à notre destin humain. Donc, c'est aussi du plaisir, une satisfaction personnelle. Ce qui est important pour moi, c'est de me lever le matin, de me regarder dans la glace et de me dire que je fais mon boulot. Ça a pu servir à certains.

J-L.L.Z. :
Grâce à vous, les médecins français, j'ai compris…

W.R. :
Ce ne sont pas simplement les médecins français !

J-L.L.Z. :
Oui, mais grâce à vous, j'ai trouvé qu'effectivement, aimer le métier, c'est essayer de comprendre les patients qui sont face à nous. Essayer de comprendre pourquoi on est là, parce que le plus important, ce n'est pas le VIH, ce n'est pas l'université, c'est de savoir comment on est arrivé ici. Essayer de comprendre les patients, essayer de comprendre pourquoi il est là, ce qu'on peut faire pour améliorer. Aimer, c'est soigner, s'occuper de quelqu'un. Aimer, c'est aussi inspirer et encourager les patients à vivre avec ce qui leur arrive.

W.R. :
C'est un très beau métier, non ?

J-L.L.Z. :
Sans doute la meilleure profession !

W.R. :
J'espère qu'il y en a d'autres, mais… j'estime avoir eu, quelque part, beaucoup de chance. Vous voyez, ce n'est pas évident, dans un parcours professionnel, d'être confronté à une

nouvelle maladie, à sa description, aux premières possibilités d'intervenir sur le cours naturel, d'avoir été une pierre dans la découverte de son agent, d'avoir fait progresser les connaissances, et pas simplement pour le VIH. Il ne faut pas oublier que tout ce qui a été fait sur la découverte du VIH sert aujourd'hui pour beaucoup d'autres maladies : le développement de la biologie moléculaire, le développement de la génétique, le développement même de l'approche des maladies infectieuses. Même sur le Covid, on s'est un petit peu plantés — enfin, on a fait des erreurs. Pas moi, mais les pouvoirs publics, parce qu'on n'a pas utilisé tout ce qu'on avait appris sur le VIH.

J-L.L.Z. :
On n'a pas eu le temps d'analyser tout ce qu'on faisait.

W.R. :
Je crois que les politiques sont actuellement hors sol ! Mais bon, on ne peut pas en dire du mal. En tous cas, il y a un vrai recul : c'est de plus en plus technique et de moins en moins global. Par ailleurs, la science contribue à la connaissance de certaines réalités à un moment donné, parce que tout peut changer. Les galaxies, tout ça, on n'y comprend rien. Les trous noirs, où en est-on ? Je ne vais pas vous donner le vertige, mais tout est provisoire. Néanmoins, à partir de ce qu'on sait aujourd'hui, on peut construire des choses. En tout cas, on ne peut pas faire comme si cela n'existait pas. La Terre n'est pas plate, merde ! Ça vous plaît, comme conclusion ?

ÉPIDÉMIOLOGIE DU VIH EN 2025

Depuis les premiers cas d'infections par le VIH rapportés dans la littérature aux États-Unis en 1981 (d'abord en juin 1981 une série de cas de pneumocystose[1], une pneumonie diagnostiquée à l'époque uniquement chez les personnes très immunodéprimées, puis en septembre 1981 une série de cas de sarcome de Kaposi[2], qui a pris à cette période la dénomination de « cancer gay »), plus de 78 millions de personnes ont été infectées par le VIH, et plus de 35 millions en sont décédées, de façon directe par sida ou indirecte par toutes les pathologies dont la fréquence est augmentée chez les personnes vivant avec le virus.

C'est la première épidémie du XXe siècle qui a eu un impact aussi majeur sur la société, ayant entraîné une mobilisation sans précédent de la société civile, face à une maladie stigmatisante qui, à ses débuts, a principalement touché de jeunes hommes en parfaite santé, avant de devenir une maladie marquée socialement, avec son lot de discriminations envers les usagers de drogue, les populations de pays à ressources limitées, les migrants des pays à ressources élevées.

C'est également une épidémie qui s'est accompagnée d'avancées scientifiques majeures, tant dans les moyens de prévention que des traitements, ce qui en fait actuellement une infection chronique qui, si elle est dépistée tôt et traitée immédiatement, n'obère quasiment plus l'espérance de vie des personnes affectées, témoignant ainsi des énormes progrès effectués depuis trente-cinq ans.

Malgré tout, il persiste des challenges importants dont le plus gros est probablement l'accès au diagnostic à large échelle et à la prévention

KARINE LACOMBE

Karine Lacombe est médecin infectiologue et cheffe de service des maladies infectieuses à l'hôpital Saint-Antoine (AP-HP) à Paris. Spécialiste reconnue des maladies infectieuses, elle travaille depuis de nombreuses années sur les questions liées au VIH/sida, tant sur le plan clinique que dans la recherche. Elle est impliquée dans de nombreux programmes de prévention, de prise en charge et d'accompagnement des personnes vivant avec le VIH, en France et sur le plan international. Elle intervient également régulièrement dans les médias et dans le débat public pour porter une parole médicale engagée sur les enjeux de santé publique, de lutte contre les inégalités d'accès aux soins et de lutte contre les discriminations.

pour toutes et tous. Les difficultés persistantes rencontrées dans ces domaines expliquent pourquoi, en 2025, nous sommes encore loin des cibles fixées par l'Organisation Mondiale de la Santé.

Quelques données mondiales

Au niveau mondial, en 2023, 1,3 million de personnes se sont infectées avec le VIH[3], avec une baisse de 39 % de l'incidence par rapport à 2022 — une baisse continue depuis 1995, année où ont été introduits les antirétroviraux puissants qui, en sus d'éviter la progression vers le sida, permettent un contrôle optimal de la réplication virale et protègent les partenaires de la transmission du virus (concept de « *treatment as prevention* »). Malgré ce résultat positif, ces chiffres sont très loin des objectifs fixés par l'OMS, qui sont de 370 000 cas au maximum pour tendre vers le contrôle de l'épidémie. Sur la même période, 630 000 décès ont été recensés, dont 76 000 chez les enfants, qui représentent la population chez laquelle les progrès sont les moins importants.

Grâce à un accès de plus en plus large aux antirétroviraux et à leur coût maintenant très bas pour les pays du Sud, 30,7 millions de personnes sont traitées. Cependant 9,3 millions éligibles au traitement n'en bénéficient pas, et ce sont principalement des enfants, ou des hommes vivant en Afrique sub-saharienne, témoignant des inégalités persistantes après trente-cinq ans d'épidémie. L'amélioration de la prise en soins s'est accompagnée (en particulier en Afrique sub-saharienne) d'une augmentation importante de l'espérance de vie (61,1 ans en 2023 versus 56,3 ans en 2010). Cette augmentation s'accentue dans le temps et en particulier dans les pays à ressources élevées, où celle-ci est quasi identique à celle de la population non infectée par le VIH. Ainsi, à 40 ans, l'espérance de vie des femmes hétérosexuelles vivant avec le VIH est de 43 ans (en comparaison de 45,8 ans pour les femmes sans infection par le VIH), et celle des hommes ayant des rapports sexuels avec les hommes est de 39,5 ans (en comparaison de 40,7 ans pour les hommes sans infection par le VIH)[4]. Cette augmentation très importante de l'espérance de vie s'accompagne d'un changement des causes de décès entre 1996 et 2020, avec une diminution drastique des décès liés au sida et une augmentation en miroir des pathologies cardio-vasculaires et des cancers non classant sida[5].

Sur le plan programmatique, l'OMS évalue les performances des programmes destinés à lutter contre le VIH par des indicateurs dont le slogan est « 95 — 95 — 95 », soit 95 % des personnes infectées par le VIH ont connaissance de leur diagnostic (permettant d'évaluer l'efficacité des stratégies de dépistage), 95 % des personnes séropositives sont mises sous traitement (témoignant de l'efficacité du lien aux soins) et 95 % de celles traitées ont une charge virale indétectable (reflétant la rétention dans le soin et l'observance au traitement). La cible pour 2025 est ainsi de 95 — 90 — 86, ce qui permettrait d'atteindre les 95 — 95 — 95 en 2030. Malheureusement, peu de pays sont actuellement dans la cible, et au niveau mondial, ces chiffres sont de 91 — 83 — 78 pour les femmes, 83 — 72 — 67 pour les hommes et d'un dramatique 66 — 57 — 48 pour les enfants[6]. Une des raisons est la difficulté à prévenir la transmission mère-enfant du VIH dans les pays du Sud, alors qu'il existe des stratégies de prévention dont l'efficacité est de 100 %. Ainsi, depuis 2014, seules 84 % des mères ont accès à des programmes de prévention de la transmission du VIH à leurs enfants, sans aucune progression en dix ans, tandis que le nombre d'enfants infectés est passé de 300 000 à 100 000. Cette décroissance bien trop lente pour avoir un impact massif sur la dynamique de l'épidémie[7]. Il en de même pour l'autre élément clé de la prévention du VIH : l'utilisation de la prophylaxie pré-exposition (PrEP) dont il a été montré que bien utilisée, elle s'accompagnait d'une efficacité de 100 %. Pourtant, alors que le concept de PrEP existe depuis dix ans et que le traitement est disponible à très faible coût sous forme de générique, seulement 3,5 millions de personnes l'ont utilisé en 2023, en place et lieu des 21,2 millions de la cible de l'OMS[8].

Pour résumer, au niveau mondial, de gros progrès ont été réalisés pour le dépistage, l'initiation de traitement et le contrôle virologique (sauf chez les enfants !). L'espérance de vie se rapproche de celle de la population générale et les causes de décès ressemblent de plus en plus à celles de la population générale. Cependant, de gros manques persistent en termes de prévention, avec des cibles non atteintes pour les populations clés dans tous les domaines d'intervention, ce qui conduit à considérer la lutte contre le VIH comme un demi-échec avec une cible d'élimination de l'infection qui ne sera pas atteinte en 2030, malgré les efforts et l'argent investi depuis trente-cinq ans.

Où en est-on en Europe ?

En Europe, la situation reste inquiétante. En effet, bien que l'incidence du VIH ait baissé de 24 % depuis 2010 et la mortalité de 34 % ; on assiste à une réascension des décès depuis 20216. Le nombre de nouvelles infections est de 56 000 en 2023, et 2,3 millions de personnes vivent avec le VIH. En termes de cascade de soins, 89 % des personnes infectées connaissent leur diagnostic, 77 % sont traitées et 70 % ont une charge virale indétectable, là aussi loin des objectifs de l'OMS qui sont, pour mémoire, de 95 — 90 — 86 en 2025. Cependant, certains pays européens font mieux de d'autres : par exemple, 7 d'entre eux ont un taux de dépistage des personnes infectées de 95 % ; 11 pays ont un taux de traitement de 95 % et 15 ont des personnes traitées avec un taux de succès de 95 %. En revanche, aucun n'est à la cible pour l'accès à la PrEP : alors qu'il était attendu que 500 000 personnes seraient sous PrEP en 2025 et 1,1 million en 2030, seules 160 000 le sont en 2023. Ainsi, l'enjeu majeur en Europe reste la prévention, alors que le diagnostic, la mise sous traitement et l'efficacité du traitement peuvent être considérés comme des succès, ou du moins en passe de l'être.

Les enjeux persistants en France

En France, les données publiées par Santé Publique France en décembre 2024 ont alarmé les acteurs du monde du VIH. En effet, pour la seconde année consécutive, on assite à une remontée des nouvelles infections par le VIH : 3 650 en 2023. Les populations les plus touchées par cette ascension de l'incidence sont les hommes qui ont des relations sexuelles avec les hommes, qu'ils soient nés en France ou à l'étranger (mais avec une dynamique plus importante pour les derniers), les femmes hétérosexuelles nées à l'étranger (et, dans une moindre mesure, également celles nées en France) et les hommes hétérosexuels nés en France et à l'étranger (avec une dynamique plus importante pour les premiers). Au total, 5 473 personnes ont découvert leur séropositivité en 2023, soit une augmentation de 12 % par rapport à 2022. L'augmentation la plus importante concerne les hommes hétérosexuels nés en France (+12 %) et les femmes hétérosexuelles nées à l'étranger (+34 %). Ces chiffres inquiétants reflètent un échec patent des politiques de prévention actuelles. Un autre échec est celui du diagnostic : 43 % des personnes sont diagnostiquées à un stade tardif et 937 patients ont présenté un sida en 2023 (+16 % par rapport à 2022). Parmi ceux-ci, 64 % ne se savaient pas infectés par le VIH et 16 % en avaient connaissance mais ne prenaient pas d'antirétroviraux. Enfin — et cet aspect de l'épidémie a un impact majeur sur sa dynamique — 10 756 personnes vivent avec le VIH sans le savoir et sont donc des déterminants importants de la transmission. Ce sont principalement des hommes qui ont des relations sexuelles avec les hommes et nés en France, ainsi que des hommes hétérosexuels nés en France. Il a également été constaté qu'une part importante (42 %) des personnes d'origine étrangère se contamine après l'arrivée en France. Mais en fonction des études, cette proportion peut être plus élevée. Par exemple, dans l'étude Ganymède qui s'est intéressée aux hommes qui ont des relations sexuelles avec les hommes et nés à l'étranger, 61,7 % d'entre eux se sont contaminés en France et la grosse majorité ont acquis le VIH dans l'année qui a suivi leur arrivée sur le territoire.

Ainsi, on voit bien qu'en France aussi, la prévention est un enjeu majeur, alors que la PrEP et autres moyens de prévention combinés y sont disponibles de façon libre et gratuite. À l'instar du reste de l'Europe, l'utilisation de la PrEP est sous-maximale, avec seulement 59 326 personnes sous PrEP fin 2023, donc uniquement 15 % sont de nouvelles initiations[9]. En sus du nombre faible de personnes initiant un traitement, le taux d'initiation est en diminution de 22 % par rapport à 2022, sans que l'on puisse expliquer pourquoi ce mode de prévention, mis à disposition gratuitement pour toute personne à risque et prescrivable directement en ville, n'est pas plus utilisé. D'ailleurs, quand il est fait un parallèle entre le profil des personnes qui s'infectent en France et celles qui prennent la PrEP, on comprend qu'à ce jour, l'utilisation de la PrEP dans sa configuration actuelle ne pourra mener à l'élimination du VIH. En effet, les prepeurs sont quasi exclusivement des hommes nés en France, ayant des relations sexuelles avec des hommes, et vivant dans de grandes agglomérations avec des revenus élevés[10], donc d'un profil assez éloigné de celles et ceux qui sont au cœur de la dynamique épidémique telle qu'on l'a décrite précédemment. Pourtant, les résultats de l'évaluation de la PrEP en vie réelle sont très rassurants11 : 83 % d'efficacité chez les hommes de plus de 40 ans, 65 % chez ceux habitant dans de grandes agglomérations. En revanche, les résultats sont beaucoup moins bons chez les jeunes de moins de 30 ans (26 %) et chez ceux habitant en région dans des petites villes (28 %). Cés résultats suggèrent des pistes d'intervention auprès des plus jeunes et de ceux habitant dans des territoires moins desservis en lieux d'accès à la prévention.

En conclusion, en France comme ailleurs, les efforts en termes de dépistage et d'accès au traitement se sont accompagnés de relatifs succès, même si la taille de l'épidémie cachée (10 000 personnes environ) reste un enjeu majeur pour les stratégies de dépistage. Néanmoins, la politique de prévention est un vrai échec à ce jour : elle n'utilise probablement pas les bons outils en termes d'appropriation par les personnes en situation de prise de risque, elle ne vise pas les bonnes populations qui sont les clés de l'épidémie (pas assez de femmes ou de personnes nées à l'étranger qui devraient être maintenant des cibles prioritaires des campagnes de prévention). Ainsi, l'élimination de l'épidémie de VIH en France comme ailleurs dans le monde d'ici 2030 est un leurre tant que le paradigme de la prévention n'est pas modifié en profondeur : peut-être sera-t-il nécessaire de ne plus faire du VIH une pathologie d'exception pour que l'on arrive, à terme, à dissocier infection VIH et stigmatisation/discrimination ; pour que chacun se sente concerné, se considère à risque potentiel un jour ; pour qu'ainsi, la communication sur la prévention cible un public plus large et, pourquoi pas, la population générale, afin d'avoir un véritable impact sur la dynamique de transmission du VIH.

1. Penumocystis pneumonia — MMWR, 1981 - 30, 250 — 2.
2. Hymes KB, et al. Lancet. 1981 Sep 19;2(8247):598-600. doi: 10.1016/s0140-6736(81)92740-9.
3. *The urgency of now : AIDS at a crossroads. Geneva : Joint United Nations Programme on HIV/AIDS* ; 2024. Licence : BY-NC-SA 3.0 IGO
4. Trickey A, et al. Lancet HIV. 2023 May;10(5):e295-e307. doi: 10.1016/S2352-3018(23)00028-0.
5. Trickey A, et al. Lancet HIV. 2024 Mar;11(3):e176-e185. doi: 10.1016/S2352-3018(23)00272-2.
6. Progress towards reaching sustainable development goals 3.3 targes related to HIV, TB viral hepatitis and sexuallyk transmitted infections in the European Union and European Economic Area — Evidence Brief. Stockholm, Sweden ; 2025.
7. https://www.santepubliquefrance.fr/maladies-et-traumatismes/infections-sexuellement-transmissibles/vih-sida/documents/magazines-revues/bulletin-epidemiologique-hebdomadaire-26-novembre-2024-n-23-24-infection-a-vih-la-prevention-le-depistage-et-la-prise-en-charge-toujours-d-act
8. Palich R, et al. Euro Surveill. 2024 Mar;29(11):2300445. doi: 10.2807/1560-7917.ES.2024.29.11.2300445.
9. https://www.epi-phare.fr/app/uploads/2024/11/EPIPHARE_rapport_PrEP_20241129.pdf
10. Jourdain H, et al. Lancet Public Health. 2022 Jun;7(6):e529-e536. doi:10.1016/S2468-2667(22)00106-2.

CHIFFRES CLÉS

LE VIH/SIDA DANS LE MONDE[1]

En 2023, l'épidémie de VIH/sida reste un enjeu majeur de santé publique dans le monde. Cette année-là, **1,3 million de personnes ont été infectées par le virus**, portant à **88,4 millions** le nombre total de personnes contaminées depuis le début de l'épidémie. On estimait à **39,9 millions le nombre de personnes vivant avec le VIH en 2023**, dont 77 % avaient accès à un traitement, soit environ 30,7 millions bénéficiant d'une thérapie antirétrovirale. Malgré ces avancées, le virus continue de faire des ravages : **630 000 personnes sont mortes de maladies liées au sida en 2023**, ce qui équivaut à une mort par minute. Ces chiffres soulignent l'importance cruciale de poursuivre les efforts de prévention, de dépistage et d'accès universel aux soins.

LE VIH/SIDA EN FRANCE[2]

En France, environ 200 000 personnes vivent actuellement avec le VIH, mais on estime que 25 000 d'entre elles ignorent encore leur séropositivité. **En 2023, 5 500 personnes ont découvert leur statut sérologique**, dont 66 % étaient des hommes cisgenres, 32 % des femmes cisgenres et 2 % des personnes transgenres. Parmi ces nouvelles découvertes, environ 3 600 correspondent à des contaminations survenues la même année. Toutefois, près de **43 % des diagnostics sont faits à un stade tardif de l'infection**, ce qui complique la prise en charge médicale. Cette même année, environ **841 000 tests de dépistage VIH** ont été réalisés et remboursés par l'Assurance Maladie, témoignant d'un effort important en matière de prévention, même si des progrès restent nécessaires pour un diagnostic plus précoce et un meilleur accès au dépistage pour tous.

1. ONUSIDA - Chiffres 2023

2. Santé Publique France

LE VIH/SIDA EN ÎLE-DE-FRANCE[3]

En 2023, l'Île-de-France représentait à elle seule 42 % des nouveaux diagnostics de séropositivité en France, avec 2 140 cas recensés sur les 5 500 au niveau national, alors qu'elle n'abrite que 19 % de la population française. Cette concentration met en lumière l'ampleur de l'épidémie dans la région, où plus de **40 % des personnes séropositives ignoreraient encore leur statut**. Parmi les personnes vivant avec le VIH, 66 % sont des hommes et 32 % des femmes.

Les départements de Paris et de la Seine-Saint-Denis sont les plus touchés, regroupant respectivement **41 %** et **15 % des personnes vivant avec le virus dans la région**. En matière de prévention, le recours à la PrEP a fortement augmenté : au premier semestre 2023, **22 360 Franciliens en bénéficiaient**, dont 3 670 en initiation, soit une hausse de 62 % par rapport à 2021. Enfin, le délai médian entre l'infection et le diagnostic reste préoccupant, estimé entre 3 et 3,5 ans, ce qui souligne l'importance d'un dépistage plus précoce et régulier.

3. CRIPS IDF et Santé Publique France

LE VIH/SIDA EN OUTRE-MER[4]

En 2023, les territoires d'Outre-mer représentaient 8 % des nouvelles découvertes de séropositivité en France, alors qu'ils ne regroupent que 3 % de la population nationale. Sur les 5 500 nouveaux diagnostics recensés à l'échelle du pays, **entre 415 et 450 ont été réalisés dans les départements ultramarins**. La situation est particulièrement préoccupante en Guyane, qui demeure le territoire le plus touché par l'épidémie, suivie de Mayotte. En Guyane, **environ 4 000 personnes vivraient avec le VIH**, dont 10 % ignoreraient leur statut sérologique. Ces chiffres témoignent d'un besoin urgent de renforcer la prévention, le dépistage et l'accès aux soins dans ces territoires, où les inégalités sanitaires restent marquées face au VIH.

4. Inserm et Santé Publique France

DISCRIMINATIONS ET LUTTES

La persistance des discriminations envers les personnes vivant avec le VIH constitue un frein majeur à la lutte contre l'épidémie. Elles sont le reflet d'une ignorance collective, de stéréotypes tenaces et de systèmes sociaux et légaux souvent inadaptés. Pour y remédier, il est urgent d'intensifier les campagnes d'information, de promouvoir l'éducation à la santé et de garantir les droits fondamentaux de toutes les personnes, quels que soient leur origine, leur orientation sexuelle ou leur statut sérologique.

Les fausses croyances et la stigmatisation persistantes

Les discriminations envers les personnes vivant avec le VIH sont principalement alimentées par la méconnaissance du virus et les idées reçues. Malgré les progrès médicaux, une grande partie de la population continue de croire qu'une personne séropositive sous traitement représente un danger pour les autres. Cette ignorance nourrit la peur, la stigmatisation sociale, et des attitudes discriminantes, notamment dans les sphères sociale, professionnelle et sanitaire. De nombreux sondages révèlent un rejet persistant : une partie importante des Français se sent mal à l'aise à l'idée de fréquenter une personne séropositive dans le cadre privé ou professionnel, ou encore à l'idée qu'un enseignant ou un professionnel de santé soit porteur du VIH.

Des discriminations multiples et systémiques

Les personnes vivant avec le VIH subissent des discriminations dans plusieurs domaines : santé, emploi, logement. Dans le secteur médical, certains praticiens refusent de soigner les PVVIH ou leur imposent des conditions discriminatoires. Ces comportements engendrent un retard au dépistage et à la prise en charge, aggravant l'état de santé des patients. Dans le monde du travail, les PVVIH font face à des exclusions, souvent en raison de règlements inadaptés ou de stéréotypes. Jusqu'en 2022, elles étaient interdites d'accès à certaines professions en France comme la police ou l'armée. Globalement, leur taux de chômage est plus élevé, et les femmes séropositives et les jeunes sont particulièrement touchés.

Une précarité sociale accrue

Les conséquences économiques et sociales de la séropositivité sont importantes. De nombreuses PVVIH vivent dans la précarité, avec des revenus très faibles et un accès difficile au logement ou à la retraite. L'isolement social est particulièrement marqué chez les personnes vieillissantes, dont une grande partie vit seule et dans des conditions économiques fragiles. Ces difficultés sont aggravées par la persistance d'idées fausses et la peur du rejet, ce qui pousse beaucoup à cacher leur statut sérologique, y compris à leurs proches.

Une méconnaissance inquiétante chez les jeunes

Les jeunes de 15 à 24 ans présentent un niveau de connaissance très insuffisant sur le VIH. Une majorité d'entre eux pense encore que le virus peut se transmettre par un baiser ou en buvant dans le verre d'une personne séropositive. Beaucoup croient aussi, à tort, qu'il existe un vaccin ou que l'on peut guérir du sida. Cette désinformation se traduit par une faible utilisation du préservatif, un dépistage irrégulier et une minimisation des risques réels. La prévention dans les établissements scolaires reste donc une priorité essentielle.

Les publics les plus vulnérables face aux discriminations

Certaines catégories de personnes vivant avec le VIH sont encore plus exposées aux discriminations : femmes, personnes migrantes, usagers de drogues, travailleurs du sexe, personnes LGBTQ+. Les femmes migrantes, notamment, cumulent les facteurs de vulnérabilité, avec un risque accru de contamination lié aux violences sexuelles et aux obstacles dans l'accès aux soins. Les usagers de drogues sont criminalisés dans de nombreux pays, ce qui complique leur accès à la prévention et aux traitements. Les travailleuses du sexe et les personnes LGBTQ+ subissent également de fortes répressions légales et sociales, qui nuisent à leur santé et à leur sécurité. Dans de nombreux pays, l'homosexualité et la transmission du VIH sont encore criminalisées, renforçant les obstacles à la lutte contre l'épidémie.

CHRONOLOGIE

Quarante ans de luttes et de recherche

1981 Premiers articles aux États-Unis sur des cas de personnes immunodé-primées.

1983 Découverte du virus.

1985 Premiers tests de dépistage mis au point.

1986 Premiers essais cliniques de l'AZT, premier traitement contre le VIH.

1987 Décret autorisant la vente libre des seringues en pharmacie.

Première campagne française de prévention.

Loi autorisant la publicité pour les préservatifs.

1988 Première journée mondiale de lutte contre le sida.

Création des centres de dépistage anonymes et gratuits (CDAG).

1989 Premiers programmes d'échanges de seringues.

1991 Le ruban rouge devient le symbole mondial de la lutte contre le VIH/sida.

Mort de Freddie Mercury.

1992 Agence française de lutte contre le sida : grande cause nationale.

1993 L'opération « Préservatif à 1 franc » est lancée par l'Agence française de lutte contre le sida.

1994 Le dépistage devient anonyme et gratuit.

1995 Décret autorisant la distribution gratuite de seringues et d'aiguilles.

Autorisation de mise sur le marché de la méthadone.

Création d'Élus Locaux Contre le Sida.

1996 Arrivée des premières trithéra-pies (combinaison de traitements anti-VIH).

1997 Généralisation du TPE (traitement post-exposition).

Début de la vente des antirétroviraux en France.

2000 Première conférence internationale sur le sida en Afrique.

2002 Création du Fonds mondial de lutte contre le sida, la tuberculose et le paludisme, avec le soutien de Bill Gates.

2005 Le sida est déclaré grande cause nationale.

2008 Selon le Professeur Hirschel, le traitement devrait être considéré comme un outil de prévention ; si une personne est correctement traitée et qu'elle a une charge virale indétectable, le risque de transmission du VIH est quasi-nul.

2010 Fin de l'interdiction de séjour le territoire américain pour les personnes séropositives.

2011 L'étude HPTN 052 démontre une réduction de la transmission de 96 % au partenaire séronégatif lorsque le partenaire séropositif est sous traitement.

2014 Déclaration de Paris par laquelle les villes s'engagent à mettre fin au sida d'ici 2030.

2015 Lancement des autotests.

Autorisation de la PrEP.

2016 Ouverture de la première salle de consommation à moindre risque à Paris.

2018 Fin de l'interdiction des soins de conservation pour les personnes séropositives.

2023 Fin de l'interdiction des personnes séropositives dans la police nationale et l'armée.

2024 Déploiement du dispositif « Mon test IST », qui permet de réaliser sans ordonnance et sans rendez-vous le dépistage de cinq infections sexuellement transmissibles (IST), dont le VIH, en laboratoire de biologie médicale.

Recommandations de la Haute Autorité de Santé pour que la PrEP soit prescrite plus largement, et non exclusivement qu'aux HSH.

2025 Transformation des COREVIH, qui remplacent les Comités de coordination régionale de la santé sexuelle (CoReSS).

Proposition de résolution en faveur du chemsex présentée à l'Assemblée nationale par la députée Brigitte Liso, demandant une stratégie nationale de prévention.

L'ASSOCIATION ÉLUS LOCAUX CONTRE LE SIDA

Créée en 1995 par Jean-Luc Romero-Michel, premier élu français à avoir révélé publiquement sa séropositivité, Élus Locaux Contre le Sida (ELCS) est une association transpartisane et à but non lucratif, engagée dans la lutte contre le VIH/sida, les IST, les hépatites virales, la réduction des risques pour les usagers de drogues et les discriminations. Partant du principe que « le sida se soigne aussi par la politique », ELCS fédère des élu·e·s de toutes sensibilités autour d'un combat commun. Depuis sa création, plus de 17 000 élu·e·s ont signé son manifeste, affirmant leur engagement en faveur de la prévention, de l'information et du respect des droits des personnes vivant avec le VIH.

L'association remplit trois grandes missions :

MOBILISATION POLITIQUE

en activant un réseau d'élu·e·s locaux sur tout le territoire, ELCS valorise les initiatives comme le label « Ville engagée contre le sida », décerné depuis 2012.

INFORMATION ET PLAIDOYER

à travers réunions, tables rondes, États généraux annuels, et la publication du guide API (Action, Prévention, Information), ELCS diffuse une information accessible, actualisée et utile à la prévention et à la lutte contre les discriminations.

LUTTE CONTRE LES DISCRIMINATIONS

ELCS agit contre la stigmatisation et les inégalités persistantes, en défendant les droits des personnes séropositives et en promouvant une société plus inclusive et solidaire.

L'association en quelques dates

1995
Création de l'association Élus Locaux Contre le Sida.

2000
Jacques Chirac, président de la République, adresse un message de soutien en faveur de la lutte contre le VIH/sida, soulignant l'importance de l'engagement de l'association et des élu·e·s locaux pour ce combat.

2005
Le sida est déclaré grande cause nationale, sous l'impulsion de Jean-Luc Romero-Michel, renforçant la visibilité de la lutte contre l'épidémie.

2006
Mobilisation de l'association pour la libre circulation des personnes séropositives.

2011
Création du label « Ville engagée contre le sida » qui est un moyen de mobiliser et récompenser les élus locaux engagés dans la lutte contre le VIH/sida. Le label est aussi un moyen de prévenir, sensibiliser sur la maladie et lutter contre les discriminations à l'échelle locale.

2013
Lancement d'une pétition pour la levée de l'interdiction de soins funéraires pour les personnes séropositives.

2017
Publication du livre et de l'exposition *Portraits de Vi(h)es* (Le Cherche-Midi) mettant en lumière le témoignage de quinze personnes séropositives.

2018
Décès de Christophe Michel, mari de Jean-Luc Romero-Michel et coordinateur de l'association. Depuis son décès, l'association se mobilise sur la problématique du chemsex et interpelle les pouvoirs publics à ce sujet.

2024
Publication d'un manifeste signé par des élus/parlementaires pour interpeller le gouvernement + lancement d'une pétition nationale sur le chemsex.

2025
Parution du livre *L'espoir d'une France sans sida* (Michalon) à l'occasion des trente ans de l'association.

L'éditeur et Jean-Luc Romero-Michel, président de l'association Élus Locaux Contre le Sida, remercient de leur confiance toutes celles et tous ceux qui ont accepté de participer à cet ouvrage.

L'association remercie tout particulièrement Simon Masset-Denèvre, Guénaelle Colin et Anne Leclercq.

Merci aux membres du bureau d'ELCS :
Eddie Aït, Roselyne Bachelot, Julien Béraud, Habiba Bigade, Joëlle Ceccaldi-Raynaud, Laura Cinieri, Rémi Féraud, Brigitte Liso, Philippe Lohéac, Laurence Patrice, Elisabeth Ramel, Sheila, Anne Souyris, Patrick Teissère, Anne-Claire Tyssandier.

Merci aux collectivités engagées contre le sida :
Angers, Bagnolet, Bordeaux, Brest, Cannes, Carrières-sous-Poissy, Charly, Châtillon, Chilly-Mazarin, Clermont-Ferrand, Coubron, Dijon, Douai, Grenoble, Île-de-France, Le Havre, Lille, Limoges, Livry-Gargan, Lyon, Marseille, Nancy, Nanterre, Nice, Paris, Puteaux, Rouen, Rueil-Malmaison, Saint-Étienne, Strasbourg, Toulouse, Villeneuve-Loubet.

Enfin, une pensée pour Chris et son éternel sourire, qui a tant apporté à notre association.

ELCS
84, rue Quincampoix – 75003 Paris
01 42 72 36 46 – info@elcs.fr
www.elcs.fr

@eluscontresida

@ElusContreSida

Elus Locaux Contre le Sida

Imprimé par Typo'Libris - n° 25010356